Herbert Mayr

70 km rund um Stuttgart

Herbert Mayr

rund um 70 km Stuttgart

Traumtouren
zwischen Schwarzwald
und Ries

- Wandern
- Rad fahren
- Entdecken

Silberburg·Verlag

Seite 1: Schleichwegroute durchs verträumte Würmtal (zu Tour 11)

Seite 2/3: Das Kirchlein auf dem Hohenberg
markiert den höchsten Punkt der Ellwanger Berge (zu Tour 9)

Herbert Mayr

geboren 1953, ein seit vielen Jahren ins Schwabenländle verliebter
Allgäuer, studierte Vermessungswesen und arbeitet heute als freier
Buchautor im Ostallgäu (Mitarbeiter bei den Zeitschriften »Schönes
Schwaben« und »Das schöne Allgäu«, rund 30 Rad- und Wander-
führer). Zu seinen Hauptaktivitäten zählen neben Radeln und Wan-
dern auch Bergsteigen und Skitourengehen.

In seinem Buch »Zwischen Alb und Bodensee. Radfahren, wandern
und entdecken« beschreibt Herbert Mayr 23 Traumrouten südlich
der Region Stuttgart. 122 Farbfotos und Karten ergänzen die unterhaltsamen Beschreibungen. Erschienen im Silberburg-Verlag, Tübingen; erhältlich in jeder Buchhandlung (ISBN 3-87407-275-4).

Die Deutsche Bibliothek – CIP-Einheitsaufnahme
Ein Titeldatensatz für diese Publikation ist bei Der Deutschen Bibliothek erhältlich.

1   2   3   4   5   05   04   03   02   01

© Copyright 2001 by Silberburg-Verlag Titus Häussermann GmbH,
Schönbuchstraße 48, D-72074 Tübingen.
Alle Rechte vorbehalten.

Alle Wegbeschreibungen erfolgen nach bestem Wissen und Gewissen.
Autor und Verlag können jedoch keine Haftung übernehmen,
auch nicht bei etwaigen Unfällen.
Die Benützung dieses Buches geschieht auf eigenes Risiko.

Umschlaggestaltung: Frank Butzer, unter Verwendung eines Fotos von Herbert Mayr.

Bilder im Innenteil:
Seite 74–76: Titus Häussermann/Silberburg-Verlag
Seite 103 und 104: Verwaltung des Naturparks Schönbuch
Seite 106: Ulrich Hägele/Verwaltung des Naturparks Schönbuch
Alle anderen Fotos: Herbert Mayr.
Karten: Frank Butzer/Silberburg-Verlag.

Druck: Maisch + Queck, Gerlingen.
Printed in Germany.

ISBN 3-87407-372-6

Besuchen Sie uns im Internet und entdecken Sie die Vielfalt unseres Verlagsprogramms:
www.silberburg.de

Fünfundzwanzig Mal Rad fahren (grüne Punkte), wandern (braune Punkte) und entdecken

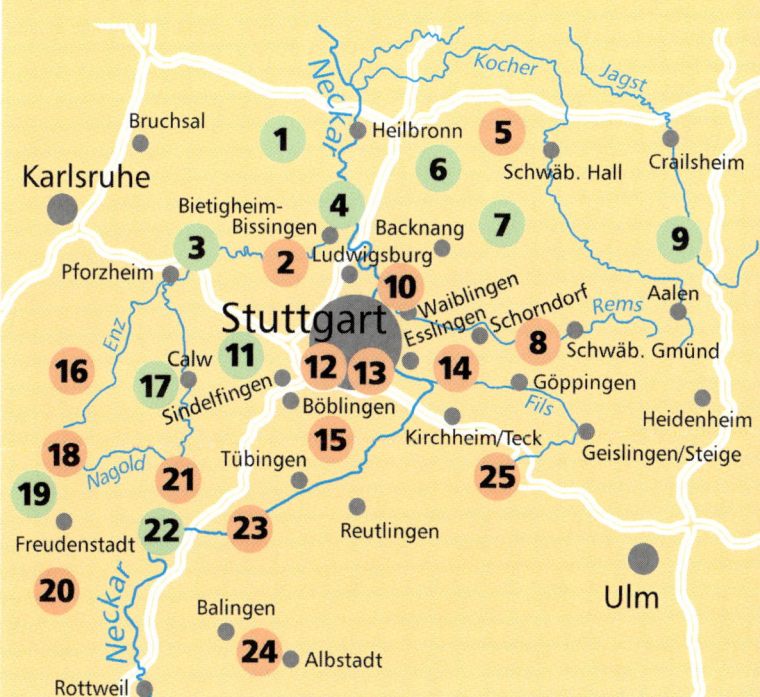

Inhalt

Vorwort . . . . *Seite 9*

Stromberg – Heuchelberg

Tour 1   Rad   **Auf den Heuchelberg-Höhen**
*Stimmungsvolle Spätherbsttour am Rande
des Kraichgaus* . . . . *Seite 10*

Tour 2   Wandern   **Versteckte Wunder am Wegesrand**
*Zwischen Stromberg und Enz
im Mettertal unterwegs*. . . . . *Seite 17*

An der Enz

Tour 3   Rad   **Pfiffiger Schleichwegkurs ins
Salzachtal**
Von Pforzheim zum Kloster Maulbronn . . . . *Seite 24*

Tour 4   Rad   **Ein bisschen Neckar, ein bisschen Enz**
*Familien-Pedalrunde an der Wiege des
Württemberger Weinbaus* . . . . *Seite 33*

Schwäbisch-Fränkischer Wald

Tour 5   Wandern   **In den Waldenburger Bergen**
*Stadtbesichtigung und Seenwanderung
am Rande der Hohenloher Ebene* . . . . *Seite 41*

Tour 6   Rad   **Schluchtenreiche Löwensteiner Berge**
*Mit Rad und Wanderschuh
auf Naturpark-Exkursion* . . . . *Seite 47*

Tour 7   Rad   **Stille Berg-und-Tal-Fahrt**
*Prächtiger Naturpark
mit erfrischendem Landschaftswechsel* . . . . *Seite 56*

Tour 8   Wandern   **Schelmenklinge und Schillergrotte**
Spannendes Bergland überm Remstal . . . . . *Seite 63*

Ellwanger Berge

Tour 9   Rad   **Über die Ellwanger Berge**
*Einsame Wälder und Seen zwischen
Jagst und Bühler* . . . . *Seite 68*

Vor den Toren Stuttgarts

Tour 10   Wandern   **Durchs Remstal auf den Sörenberg**
Waiblinger Talauen und Wengert . . . . *Seite 74*

Tour 11   Rad   **Würmtal-Träumereien**
*Verkehrsfreie Rollbahnen erschließen
Stuttgarts westliches Umland* . . . . *Seite 80*

Tour 12   Wandern   **Zu den Heslacher Wasserfällen**
*Waldgeheimnisse
vor den Toren der Landeshauptstadt* . . . . . *Seite 87*

Tour 13   Wandern   **Durch den Hain zum Vulkan**
Stuttgarter Genusswanderung auf den Fildern *Seite 92*

Schurwald

Tour 14   Wandern   **Durchs Reichenbachtal zum Holderstein**
Erholsame Wanderwege im Schurwald . . . . *Seite 97*

Schönbuch

Tour 15   Wandern   **Mammutbäume und Mäander**
*Im Neuenhauser Winkel des
Naturparks Schönbuch* . . . . *Seite 102*

Nordschwarzwald

Tour 16   Wandern   **Auf dem Kaltenbronn**
*Verträumte Schwarzwald-Wanderwege
vom Hohloh- zum Wildsee* . . . . *Seite 109*

Tour 17 Rad **An den Ufern von Nagold und Teinach**
Sportlicher Fahrradspaß
am Schwarzwaldrand . . . . *Seite 114*

Tour 18 Wandern **Wo Enz und Nagold entspringen**
Im Hochland des zentralen Schwarzwalds . . *Seite 122*

Tour 19 Rad **Versteckte Karseen überm Murgtal**
Radwander-Paradies Nordschwarzwald . . . *Seite 126*

Tour 20 Wandern **Winterstille im dunklen Tann**
Das Kinzigtal halbiert den Schwarzwald . . . *Seite 132*

Oberes Gäu

Tour 21 Wandern **Am großen Nagoldbogen**
Auf Schusters Rappen
im Hecken- und Schlehengäu . . . . *Seite 138*

Tour 22 Rad **Mit Muße durchs Obere Gäu**
Entlang der Glatt zwischen
Nordschwarzwald und Albvorland . . . . . . *Seite 143*

Neckar

Tour 23 Wandern **Von der Römerquelle zur Ruine Siegburg**
In den Neckar-Seitentälern bei Rottenburg . . *Seite 150*

Schwäbische Alb

Tour 24 Wandern **Schalksburg, Böllat und Heersberg**
Traufwanderung auf der Zollernalb . . . . . *Seite 155*

Tour 25 Wandern **Zum Steinernen Weib**
über den Quellwassern der Fils
Sonnige Wacholderheiden,
bizarre Felsformationen . . . . *Seite 161*

Ortsregister . . . . *Seite 167*

Vorwort

Neben der näheren Stuttgarter Umgebung stellt dieser lebendig gestaltete Führer die faszinierenden Naturlandschaften rund um die württembergische Metropole vor, die Naturparks Stromberg – Heuchelberg, Schwäbisch-Fränkischer Wald und Schönbuch sowie die Regionen Oberes Gäu, Enz und Neckar. Auch der Schurwald und die Ellwanger Berge und natürlich der Schwarzwald und die Alb sind mit von der Partie.

Die 25 Erlebnisrouten zum Radfahren, Wandern und Entdecken sind – wie schon die Touren im Buch »Zwischen Alb und Bodensee« – präzise recherchiert, um Ihnen zusätzliche Kartenarbeit zu ersparen.

Dem Abenteuer sozusagen vor der Haustüre nachspüren, dazu will dieser unterhaltsame Wegbegleiter aufmuntern. Mal beschaulich, mal mit sportlicher Note.

Informative Tourensteckbriefe und anschauliche Übersichtskarten (bei den Radtouren) erleichtern die Planung.

Besondere Hinweise erteilen zudem Auskunft darüber, ob sich einzelne Vorschläge für Kinder eignen, Wanderungen auch als Radtouren durchführbar sind oder umgekehrt. Bei manchen Touren, die als Wanderungen konzipiert sind, müssen kurze Pfad-Abschnitte umfahren werden, wenn man die Strecke mit dem Fahrrad zurücklegt. Oder man schiebt eben einmal ein paar Meter, um die Fußgänger nicht zu verärgern.

Die spannende Sammlung verrät zu jeder der meist weniger bekannten Unternehmungen zusätzliche Tipps für Abstecher zu Natur- und Kultursehenswürdigkeiten, die neugierig machen.

Die Vorschläge berücksichtigen sämtliche Jahreszeiten. Und noch ein Plus: Aufs Auto kann man getrost verzichten, denn alle Touren starten an Bahnhof oder Bushaltestelle.

Wer »Nachschub« möchte, wenn alle Touren dieses Bandes abgeradelt und abgewandert sind, muss nicht unbedingt warten, bis das nächste Buch erscheint. Alle hier enthaltenen Vorschläge wurden für die Monatszeitschrift »Schönes Schwaben« verfasst, die im Tübinger Silberburg-Verlag erscheint und auch künftig Wander- und Radwandertipps von Herbert Mayr veröffentlichen wird.

Auf den Heuchelberg-Höhen

*Stimmungsvolle Spätherbsttour
am Rande des Kraichgaus*

Gebietsfremde, die zum ersten Mal ahnungslos durch die Weinberge des herbstlichen Heuchelbergs radeln, sind versucht, wegen des Schussfeuers, das ihnen plötzlich um die Ohren pfeift, an ihrem Verstand zu zweifeln. Ein heimtückischer Überfall? Ein überraschender Kriegsausbruch – im 21. Jahrhundert, ohne funktionierendes Frühwarnsystem?

Den hämmernden Puls bis zum Hals spürend, versucht der kreidebleiche Wohlstandsbürger hier, an der Grenze des einstigen Königreichs Württemberg, nicht mal ein Klappmesser im Sack, im Wiegetritt die letzten Kräfte zu mobilisieren und dem Angst und Panik verbreitenden »Kugelhagel« wenigstens mit einer halbwegs sportlichen Figur zu entrinnen. Doch bald geht's ihm nur noch ums nackte Leben. Die Spannkraft lässt nach – und wie! Schon schleicht sich das puddingartige Gefühl in die bleischweren Schenkel, das den unvermeidbaren Zusammenbruch ankündigt. Die Gedanken rasen. Ein stummes Stoßgebet: spenden, Kapelle bauen ... wenn ...

Da passiert man verschämt und doch erleichtert wie selten im Leben eine dieser »Stellungen«: eine völlig harmlose »Selbstschussanlage«, lediglich eine Gasflasche mit Intervall-Zündung. Klar! Die Logik kehrt zurück und vertreibt siegessicher die Weltuntergangsstimmung. Der Feind ist längst ausgeflogen. Dieses eine Lager, das da noch hartnäckig den Kampf mit Warnschüssen fortsetzt, hat es auf die gefiederten Langfinger – oder besser gesagt: »Langschnäbel« – der Rebengärten abgesehen. Wie schnell einen doch der Ernst des Lebens packen kann! Fortan gänzlich unbeeindruckt von den weiterhin überall verstreuten Kriegsgewinnlern nimmt man die schwärmerische Indianersommer-

Die Tour bietet zauberhafte Ausblicke auf weite Weinlandschaften.

Im blitzsauberen Dorf Neipperg

Reise wieder mit gelassenem Tempo auf. Den ungetrübten Frieden wird man nun gleich doppelt schätzen.

Für Freizeitsportler und Erholungsuchende hat die mit Wanderwegen und fahrradfreundlichen Routen bestens erschlossene Schichtstufenlandschaft des Naturparks Stromberg – Heuchelberg im Städte-Triangel Stuttgart – Karlsruhe – Heilbronn eine große Bedeutung. Das Altsiedelland des fruchtbaren und bilderbuchschönen Zabergäus, ebenfalls ein Reich für Radromantiker, trennt die abgeflachten und

scharfkantig begrenzten Keuperberge des Heuchelbergs mit ihrer Schilfsandstein-Deckschicht als nordöstlichen Finger des Naturparks von den südlich aufragenden, deutlich höheren Erhebungen des Strombergs.

Im Norden schiebt sich der Kraichgau heran, im Osten tangiert der Neckar die bis gut 330 m ü. NN hoch aufragenden Waldeshöhen, die überwiegend auf ihrer Sonnenseite von weiten Rebengärten überzogen sind. Wer kennt nicht die gaumenschmeichelnden Neipperger, Haberschlachter und Schwaigerner Tropfen? Der traditionelle, landschaftsprägende Weinbau geht bis ins 8. Jahrhundert zurück.

Am eindrucksvollsten lässt sich der Heuchelberg am südlichen Hochrand der Rebhänge erleben. Das im Folgenden vorgestellte, insgesamt mittelschwere und überwiegend sogar recht gemütliche Radwander-Oval zwischen Kraichgau und Zabergäu ist mit prächtigen Aussichtspunkten gewürzt und durchaus auch von Kindern zu bewältigen. Auf die jungen Strampelkünstler wartet hinterher, sozusagen als kleine Belohnung, noch ein ganz besonderes Erlebnis: der Leintalzoo zwischen Schwaigern und Schluchtern. Dieser im weitgehend naturbelassenen Areal einer aufgegebenen Mühle angesiedelte Tierpark ist wegen des größten Menschenaffengeheges Deutschlands mit einer stattlichen Schimpansengruppe bekannt.

Wir verlassen das Leintalstädtchen **Schwaigern** mit seiner sehenswerten Stadtkirche und dem 1702 erbauten, um 1850 im nachklassizistischen Stil erweiterten Schloss am Bahnhof in östlicher Richtung und schlagen Kurs Heilbronn ein. Kurz nach dem Abbiegen auf den Kraichgauweg, der mit dem Radwanderweg Eppingen–Heilbronn identisch ist, folgen wir der mit dem blauen Punkt markierten Wanderroute. Das Wirtschaftssträßchen vom Stadtrand über die Weinberge kostet uns erst mal kaum Energie.

Besuch bei der Alten Burg

Nach einem Flachstück geht's weiter geradeaus und deutlicher bergan. Auf einer Waldkuppe lenken wir links in den hier kreuzenden Forstweg. Der blaue Punkt leitet von der Abzweigung bei einer Schranke zu der auf einem Bergsporn versteckten **Alten Burg,** auch Harchenburg genannt. Das kaum nennenswerte letzte Stück zu dem zwischen alten Buchen und Eichen schlummernden historischen Plätzchen müssen wir dabei zu Fuß auf einem Wanderweg zurücklegen. Leider ist außer Wällen und Gräben nicht viel zu sehen.

Wir rollen zurück zum Sträßchen und haben nach einem kurzen Schlussanstieg den Haupt-Stressanteil der Tour bereits hinter uns gebracht. Von hier wäre es nicht mehr weit an der Hangkante entlang zur Heuchelberger Warte. Der Aussichtsturm auf dem Bergsporn bei

Der Herbst zieht sämtliche Register.

Großgartach war ursprünglich wahrscheinlich ein Werk von Graf Eberhard im Bart und diente der Überwachung des württembergischen Landgrabens.

Reben, so weit das Auge reicht

Bei einem prächtigen Aussichtspunkt über die weitläufige vorgelagerte Tallandschaft gegen Nordheim schwenken wir auf den mit einer Weinrebe bezeichneten Heerweg ab, gleichzeitig Württembergischer Weinwanderweg und Wein-

Stimmungsvolle Waldränder im Nordostzipfel des Naturparks

lehrpfad. Mit fortwährend phantastischen Ausblicken genießt man die unbeschwerte Fahrt über den Heuchelberg-Rebhängen: Müller-Thurgau, Kerner, Ruländer, Traminer, Weißer Riesling, Blauer Portugieser, Dornfelder, Schwarzriesling, Samtrot, Blauer Spätburgunder, Lemberger und Trollinger.

Weiter geht es mit dem Panorama-Vergnügen! Das Verfolgen des Höhenzugs ermöglicht stets ein müheloses Dahingleiten. Aus einer alten Weinberg-Kiesgrube wurde bis in die fünfziger Jahre der Keuper zur Bodenverbesserung in Butten auf dem Rücken der Wengerter in die Weinberge getragen. Nachdem uns der Naturpark aufgenommen hat, rauschen die Räder auf der spritzigen Kreisstraße von Schwaigern hinunter nach **Neipperg.**

Hoch über dem Dorf stolziert die beeindruckende staufische Doppelburg, einst Sitz der Grafen von Neipperg. Die beiden romanischen Wohntürme des neu sanierten Gebäudekomplexes zeigen eine seltene Verbindung von Bergfried und Palas. Den östlichen Turm zieren ein beachtenswerter Kamin und schmucke Fenster.

Wir radeln zum Schützenheim und mühen uns auf dem Brackenheimer Natur- und Weinlehrpfad über den Zweifelberg empor. Beim Wanderparkplatz lässt man sich von der Radrundweg-Beschilderung den Weiterweg zeigen. An einem Hainsimsen-Eichen-Wald mit alter Weinbergmauer entlang, die auf natürlichem Fels sockelt, bekommt man allerlei seltene Pflanzen zu sehen. Hübsch ist der Rückblick auf die Waldhöhen um Neipperg.

Ein vorbildlich restauriertes Weinberghäuschen mit altem Spritztrog gibt auf zahlreichen Erklärungstafeln Auskunft über die Ökologie in den Brackenheimer Weinbergen, den Weinbau und die Weinbereitung bis hin zur Vermarktung des guten Tropfens in der größten Weinbaugemeinde Württembergs. Die Zeit verstreicht dabei im Nu.

In den anschließenden Böschungen gedeiht der seltene Speierling, der das schwerste Holz aller europäischen Laubbaumarten aufweist. Auch Mauereidechsen und Zauneidechsen sowie das Rotkehlchen fühlen sich in den trockenen Gräsern wohl. Und immer wieder Wein, so weit das Auge reicht.

Mit etwas Abstand sausen wir an Haberschlacht vorbei und halten uns immer geradeaus. Nach einer kleinen Steigung erwarten uns erneut vortreffliche Tiefblicke. Die Landstraße Brackenheim–Stetten wird gequert, dann geht's zur Abwechslung mal eine Weile übers Ackerland. Wir steuern rechts in die Kreisstraße von Haberschlacht und biegen sogleich wieder links auf ein Wirtschaftssträßchen ab.

Am Modellflugplatz rubbeln die Pneus der Nase nach auf eine ungeteerte Fahrbahn. Hier könnte man noch einen kleinen Haken zum nahe gelegenen Renaissance-Schloss Stocksberg schlagen. Der oberhalb von Stockheim thronende Deutsch-

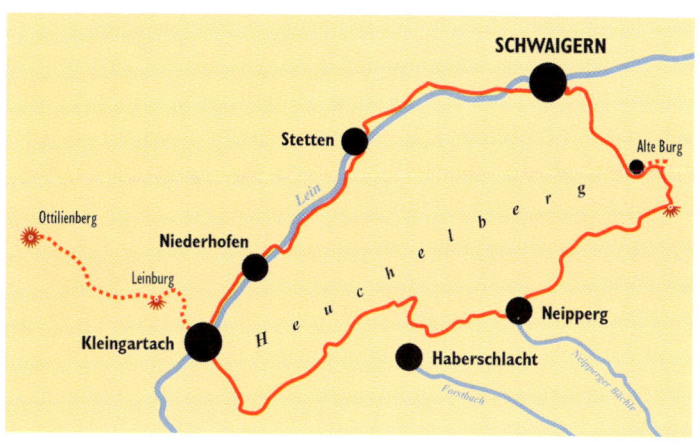

ordensbau am Hochrand eines Seitentals der Zaber wurde anstelle der 1525 zerstörten Burg errichtet.

Auf dem Leintalradweg

Bald darauf pfeift uns rechts auf der Kreisstraße hinunter nach **Kleingartach** gehörig der Wind um die Ohren. Ins benachbarte **Niederhofen** – wieder außerhalb des Naturparks – nehmen wir mit der Landstraße vorlieb. Wer zuvor noch wegen baulicher Überreste einen Besuch der in der Karte eingetragenen Leinburg ins Auge fasst, kann sich die anstrengende Auffahrt getrost sparen. Das seit 1442 zerfallene Bauwerk ist längst verschwunden. Belohnt wird der eifrige Pedaleur dennoch, und

zwar mit einer gemütlichen Einkehr und einem hübschen Talblick.

Ein Bodendenkmal bietet der nordwestlich der ehemaligen Leinburg aufragende Ottilienberg. Er war bereits in vorgeschichtlicher Zeit befestigt. Der Ringwall ums Bergplateau und der Hanggraben hängen mit dem Ausbau der Eppinger Linien durch den Türkenlouis im 18. Jahrhundert zusammen.

Ab Niederhofen flitzen die Drahtesel auf dem zu Beginn neben der Straße verlaufenden, zügigen Leintalradweg. Nach der Leinquerung geht's auf geteertem Wirtschaftsweg am Fuße der Heuchelberghöhen nach **Stetten** und auf dem Radweg weiter an der Lein entlang zurück nach **Schwaigern.**

Tourensteckbrief

Schwaigern – Alte Burg (5 km) – Neipperg (5 km) – Kleingartach (9 km) – Niederhofen (2 km) – Stetten am Heuchelberg (3 km) – Schwaigern (4 km).
Ausgangsort: Schwaigern am Nordrand des Heuchelbergs, Bahnhof (185 m), Zug von Heilbronn.
Routenlänge: 28 Kilometer.
Fahrzeit: 2 $\frac{1}{2}$ Stunden.
Höhenunterschied: 250 Meter.
Straßen und Wege: Wirtschaftssträßchen wechseln mit Radwegen und mäßig befahrenen Kreis- und Landstraßen, kleiner Forstwegabschnitt. Kurze, kräftige Steigungen.
Für Kinder geeignet: Ja.
Auch als Wanderung zu empfehlen: Ja.
Karte: Wanderkarte des Landesvermessungsamtes Baden-Württemberg, Blatt 29 »Naturpark Stromberg – Heuchelberg«, Maßstab 1 : 50 000.

Versteckte Wunder am Wegesrand

Zwischen Stromberg und Enz im Mettertal unterwegs

Die Gegend um Sachsenheim und Sersheim baut sich für den Wanderer als eine Art Zwischenwelt auf. Hier, am Südrand des Naturparks Stromberg – Heuchelberg, verflachen sich die Ausläufer der waldreichen Keuperhöhen zu einem sanft geschwungenen Hügelland, überzogen von einem freundlichen Mosaik aus Feldern und Streuobstwiesen, Waldinseln und Dorfflecken. Die vormals eingezwängten Talzüge öffnen sich zwischen sonnigen Weinbergen. Zum Enztal hin nimmt die Landschaft schon den Charakter des anschließenden Strohgäus an.

Kleine, auf den ersten Blick manchmal unscheinbare Natursehenswürdigkeiten wie abgeschiedene, verbuschte Feuchtgebiete, schützenswerte Halbtrockenrasen und wilde Gehölzbestände mit jahrhundertealten Baumgreisen mischen sich ins zarte Frühjahrsgrün der Kulturflächen. Alle diese Besonderheiten warten darauf, von dem mit neugierigem Auge auf Entdeckungstour gehenden Ausflügler aufgespürt zu werden.

Der folgende Rundwandervorschlag verläuft etwa zur Hälfte innerhalb des Naturparks und verbindet die Möhrseelein, den teils verbuschten Donnersberg und das Naturschutzgebiet Unterer See im Mettertal bei Horrheim mit dem Wiesenmoor und dem Bodenseele im Sersheimer Norden. Die Routenwahl stellt keinerlei Ansprüche, fordert jedoch wegen der oftmals fehlenden Wegweiser und Markierungen ein aufmerksames Verfolgen der Beschreibung. Die meist flach verlaufende Tour lässt sich selbst bei Schneelage durchführen.

Naturdenkmal Möhrseelein

Ausgangspunkt unseres Mettertalausflugs soll der Bahnhof in **Groß-**

*Dorfweiher an der Metter
in Sersheim*

sachsenheim sein. Hinter der Fuß-
gänger-Bahnunterführung folgen
wir dem mit rotem Kreuz markierten
Gehweg. Die Markierung zeigt nach
Queren der Kleinsachsenheimer
Straße in die Hohwiesenstraße. Wir
biegen in die Sersheimer Straße ein
und spazieren noch vor der Metterbrücke, nahe der Einmündung des
Kirchbachs, die Klingenbergstraße
bergan.

Hinter einer weiteren Bahnunterführung geht's auf einem geteerten
Wirtschaftsweg an den Gleisen entlang. Nach ein paar Obstwiesen
zweigt man auf den Rodenweg ab,
einen mit blau-gelber Raute bezeichneten Forstweg. Und schon
hat man das städtische Getriebe
und die anfängliche Routensuche
vergessen. Die mit der gewohnten
Markierung ausgewiesene Obere
Köpperlesstraße leitet zurück an die
Bahn und hinein nach **Sersheim.**

Dort gehen wir abermals unter
der Eisenbahn hindurch und wählen
bei einer Tankstelle die Canaleser
Straße. Wieder ist es die blau-gelbe
Markierung, die uns auf einen Spazierweg dirigiert. Alt und neu steht
hier im Ortskern eng beieinander.
Die Grabenstraße leitet dorfaus-
wärts zu einem Weiher am Metter-
ufer. Ein nettes Plätzchen zum Aus-
ruhen. Wer solo unterwegs ist, bekommt bestimmt bald Gesellschaft
von vorwitzigem Entengetier.

Bei einem zweiten Weiher nehmen wir den mit Steinplatten ausge-
legten Fußpfad am Sportplatz entlang. Die Horrheimer Straße wird

Das größte der drei Möhrseelein war ursprünglich ein Dolinentrichter.

gequert, dann folgen wir der Asphaltbahn Richtung Reiterhof. Beim ersten Anwesen leitet ein Wirtschaftssträßchen auf die Horrheimer Weinberge zu.

Sollte während des Gangs über das kahle Ackerland ein auffallend süßlicher Duft unsere Nasenflügel in Aufruhr versetzen, so dürfte dies in den wenigsten Fällen am ausgelaufenen Rucksackgetränk liegen. Vielmehr wird die durch die Südwestströmung von der Kleinglattbacher Bonbonfabrik herübergetragene »Zuckerleswolke« schuld an dem ungewohnten Frühjahrsaroma sein. Dieses älteste Vaihinger Industrieunternehmen hat in den achziger Jah-

ren einen bedeutenden Schritt in die Zukunft getan, indem es das Werbebonbon erfunden hat, und gilt heute als Europäischer Marktführer in Sachen süße Werbeartikel.

An einer Gabelung links auf eine Betonfahrspur abbiegend, kommen wir zum ersten und größten der drei **Möhrseelein.** Das eingewachsene Naturdenkmal mit beachtenswerter Flora und Fauna füllt einen ursprünglichen Dolinentrichter. Die zuvor im Laufe der Zeit landwirtschaftlich veränderten Ufer der schon nahezu verlandeten Weiher wurden in den Jahren 1979/80 ausgeräumt. Zum Trinken ist das trübe Wasser nicht gerade geeignet. Wen nach klarem Quellwasser dürstet, der muss schnell über den Bartenberg nach Ensingen laufen. Das dort aus den Mineral-Heilquellen am Fuße des Eselsbergs gewonnene Ensinger Wasser zeichnet sich durch besonderen Magnesium- und Calciumreichtum aus. Es hilft dem Freizeitsportler ganz ausgezeichnet über die Runden.

Heideflächen und Moorwildnis

Wir wandern zurück zur Gabelung und queren nochmals die nach Horrheim führende Landstraße. An der Kreuzung nach der Metterbrücke schlendern wir links durch ein hübsches Wiesental hinein in den Naturpark Stromberg – Heuchelberg und passieren auf dem Triebweg ein weiteres Naturdenkmal.

An dem mit einem artenreichen Baumbestand bestockten und an einen größeren Kiefernkomplex grenzenden, lang gezogenen Hügel des Donnersbergs im Gewann Trieb findet man ökologisch bedeutsame Magerrasen und Heideflächen vor. Hier lohnt es sich, ein wenig zu schauen, zu riechen und zu horchen – vielleicht zur Abwechslung auch mal ein bisschen in sich hinein. Die unterschiedlichen Lebensräume bieten neben Vögeln und Insekten auch Kleinsäugern und Reptilien Schutz. Die Bergkuppe wird als Obstplantage genutzt.

Mit Ausblick auf den Vaihinger Stadtteil Horrheim geht's auf einem Wirtschaftsweg um den Hügel he-

rum und durch das Naturschutzgebiet **Unterer See** mit Auwaldvegetation und Schilfzonen. Die vor eineinhalb Jahrzehnten künstlich angelegten Wasserflächen dienen der Vogelwelt als wichtiges Refugium, in dem sie sich ungestört entfalten kann.

Der Triebweg bringt uns nun über eine waldige Anhöhe. An einer Wegkreuzung wenden wir uns links und streifen, ein winziges Hüttchen passierend, weiterhin in bequemer Manier durch sonnige Streuobstwiesen.

Hier gewinnt man auch einen hübschen Ausblick über das abflusslose, geschützte Sumpfgehölz des in der Talsenke eingebetteten so genannten Wiesenmoores. Das versumpfte Ried ist ein gutes Beispiel dafür, welch genaue Auskunft Torfschichten über die Waldarten geben können, die seit der letzten Eiszeit während vieler Jahrtausende gewachsen sind. Dazu erstellen die Wissenschaftler ein Blütenpollenprofil.

Anschließend stoßen wir auf die Kreisstraße Sersheim–Hohenhaslach. Sportlich Ambitionierte könnten von hier aus noch eine Tourenerweiterung zum ehemaligen Kloster Sankt Trinitatis auf dem Baiselsberg in Erwägung ziehen. Wenn man dazu der Straße ein Stück nach Norden folgt, trifft man auf eine markierte Wanderroute, die durch den Wald zum Horrheimer Ortsteil Lerchenberg und als Abschnitt des 430 Kilometer langen Württembergischen

Die artenreiche Baum- und Strauchwildnis am Donnersberg

Im Großsachsenheimer Schlosspark

Weinwanderwegs Aub–Esslingen über die Weinberge empor ins Bergland führt.

Auf dem Abstieg ließe sich dann zudem der knapp fünf Kilometer lange Weinbaulehrpfad »mitnehmen« und schließlich auch noch ein Blick in das Horrheimer Weinbaumuseum in der alten Kelter werfen (nur angemeldete Gruppen). Ja, vom Rebensaft versteht man hier etwas. Nicht umsonst wurde das nahe gelegene Vaihingen an der Enz 1987 für seine Bemühungen um die Pflege der Weinkultur in Rom mit dem Titel »Internationale Stadt der Rebe und des Weines« ausgezeichnet.

Die Mauern des durch die Reformation abgegangenen Augustinerinnen-Eremiten-Priorats sind teils rekonstruiert. Neben der Umfassungsmauer sieht man Reste der Wohn- und Wirtschaftsgebäude sowie von Kanälen und einem Brunnen. Von der 1374 erstmals erwähnten Kirche ist sogar noch das Altarfundament zu erkennen. Beachtenswerte Keramikfunde sind im Horrheimer Rathaus aufbewahrt. Auch an der Stelle des Gutshofs Rechentshofen im Kirchbachtal bei Hohenhaslach stand früher ein Kloster. Von dem im Jahre 1240 erbauten Zisterzienserinnenkloster ist allerdings lediglich ein frühgotischer Flügel übrig geblieben.

Ein Waldweg entführt uns nun ins urig einsame Heiligenholz und berührt die Randzone des nahezu verlandeten **Bodenseele**s, des einzigen Niedermoores der Region. Die etwa vor 200 Jahren auf einem Untergrund aus Gipskeuper eingebrochene Doline ist als Naturdenkmal ausgewiesen. Schwingrasen bedeckt den zu Beginn des 20. Jahrhunderts noch wassergefüllten Erdtrichter. Dank schwäbischer Sparsamkeit ließ man den vor dem Zweiten Weltkrieg gehegten Plan, das Moor zu entwässern und in Kulturland umzuwandeln, wieder fallen. Ein vom Naturschutz angelegter Ringgraben bewahrt die empfindlichen Moorpflanzen vor dem Nährstoffeintrag durch den Menschen.

Ein Trimm-dich-Pfad schleicht jetzt am Rand einer Lichtung durch eine urige Waldeinsamkeit. Ein ganz schöner Verhau – wie Kraut und Rüben. Nach der Station »Pulsmessen« genug der asketischen Gliederverrenkung. Man verlässt die Fitness-Route geradeaus auf einem Pfad. Vom Waldrand mit Blick auf die Weinberge zwischen den beiden Dörfern Hohenhaslach und Freudental nimmt den Wanderer rechts ein Forstweg auf. Nach einem 251 Meter hohen Aussichtspunkt bleiben wir stets geradeaus der erholsamen Waldroute treu und schlendern am Unterstand Richtstatt vorbei, hinein nach **Großsachsenheim.**

Zuletzt bietet sich noch ein Besuch des nahen Schlossgartens an. Das durch seine unregelmäßige Zwölfeckform auffallende Renaissanceschloss der einstigen Herren von Sachsenheim war früher Wasserschloss und dient heute als Rathaus. Das Teehaus von 1629 wird von einem schönen Walmdach gedeckt.

Auch die in einem befestigten Friedhof sockelnde Sachsenheimer Wehrkirche mit ihrem schmucken Chorturm und die aus der Stauferzeit stammende Burgruine Äußere Burg bei Egartenhof, am Steilufer der Enz, sind durchaus einen Blick wert.

Tourensteckbrief

Großsachsenheim (230 m) – Sersheim (217 m) – Möhrseelein (230 m) – Unterer See (220 m) – Bodenseele (240 m) – Großsachsenheim (230 m).

Ausgangsort: Sachsenheim-Großsachsenheim an der Südostecke des Naturparks Stromberg – Heuchelberg, Bahnhof (230 m), Zug von Stuttgart.

Routenlänge: 17 Kilometer.

Gehzeit: 4 $\frac{1}{2}$ Stunden.

Höhenunterschied: 100 Meter.

Wege: Nur teilweise bezeichnete Wirtschafts- und Forstwege, kurze Pfadabschnitte. Ein harmloser Anstieg. Etwas Orientierungssinn erforderlich.

Für Kinder geeignet: Nein.

Auch als Radtour zu empfehlen: Ja, auch für Kinder.

Einkehrmöglichkeit: In Sersheim.

Karte: Wanderkarte des Landesvermessungsamtes Baden-Württemberg, Blatt 29 »Naturpark Stromberg – Heuchelberg«, Maßstab 1 : 50 000.

Pfiffiger Schleichwegkurs ins Salzachtal

Von Pforzheim zum Kloster Maulbronn

Die wasserarme Gegend zwischen Enz und Salzach zeigt im Vergleich zu den südlich der Stadt Pforzheim aufragenden Schwarzwaldhöhen wenig Bewegung. Gemeint ist natürlich nicht die bekannte, Bayern und Österreich trennende Salzach, die uns als Ziel einer Pedalroute glatt einen Teil des Jahresurlaubs kosten würde. Die Rede ist vielmehr von der unbedeutenden württembergischen Namensschwester, die in Maulbronn entspringt und sich in Bretten mit der Weißach zum Saalbach verbindet. Die vorwiegend aus Muschelkalk, mitunter auch aus Keuper aufgebaute Region bietet ein reiches Betätigungsfeld für wenig anstrengende Wanderungen und Radtouren.

Ein Landstrich also, der nicht viel Spektakuläres zu bieten hat, ja nicht mal einen eigenen Namen trägt. Er gehört nicht mehr so ganz zum Kraichgau, kann nicht mehr zu den Unteren Gäuen gerechnet werden, und den Naturpark Stromberg – Heuchelberg berührt das schlichte Acker- und Wiesenland nur am Rande.

Dennoch erfreut diese harmonische Ecke mit einem ganz eigenen Charme, der sich jedoch nicht durch Schlagworte veranschaulichen lässt. Man muss ihm selbst nachspüren, ihn mit Leib und Seele empfinden.

Auch unsere etwas ausgedehnte Strampelei durchs Enztal nach Mühlacker und über Maulbronn zum Aalkistensee ist dank des überwiegend »sanftmütigen« Landschaftscharakters nur als mittelschwer einzustufen. Um genügend Abwechslung in das Unternehmen zu bringen, sind bewusst auch noch die Waldeshöhen des südlichen

Naturparks mit eingebaut, die dann schon das eine oder andere Mal den Muskelmotor ordentlich anheizen.

Auf dem Enztal-Radweg zum Sauberg

Ganz in der Nähe des **Pforzheim**er Bahnhofs begrüßt uns das bedeutendste Baudenkmal der Stadt: die Schloss- und Stiftskirche Sankt Michael. Bis ins 19. Jahrhundert bestattete man die herrschaftlichen Toten in diesem Gotteshaus. Wir fahren ostwärts unter einer Brücke hindurch zur bereits sichtbaren Franziskuskirche und bremsen die gleichnamige Straße bergab. Zügig geht's weiter auf der Lindenstraße. Bei einem Fabrikgelände schwenken wir zum Enzauenpark ab – zur Linken die Faith-Moschee – und verlassen die jahrhundertelange Residenz der badischen Fürsten, die Stadt des Goldes und Schmucks am Zusammenfluss von Enz, Würm und Nagold, nach der Gärtnerei auf dem Enzradwanderweg.

In **Eutingen** wurde im Alten Schafhaus das Bäuerliche Museum eingerichtet, dessen Besuch wir jedoch wegen sehr begrenzter Öffnungszeiten (nur am zweiten und vierten Sonntag im Monat von 15 bis 17 Uhr) auf ein andermal verschieben müssen. Wir achten auf den Radwegweiser nach Niefern und lassen uns von der Bürgermeister-Zorn-Brücke auf die andere Flussseite tragen. Ein Stück weit findet man noch eine eigene Radbahn

Die Enz in Eutingen

vor, dann bringt ein Wirtschaftsweg den Leisetreter nach **Niefern.** Dort orientiert man sich am Täfelchen »Enztalweg« Richtung Mühlacker.

Nach dem Ort können wir die genüssliche Fahrt auf stillen Anlieger-rollbahnen fortsetzen. Auf der Waldsteige durch ein Naturschutzgebiet mit einem prächtigen Kleebwald heißt es dann kräftig in die Pedale treten. Anschließend sausen die Räder wieder von allein übers Ackerland.

Im Mühlacker Stadtteil Dürrmenz, der auf die von Waldensern gegründete Ansiedlung du Queyras

Östlich von Maulbronn wartet der geschützte Rossweiher auf einen Besuch.

zurückgeht, schieben wir links durch die Einbahnstraße und steuern über die Enzbrücke. Unter dem Felsriegel, der die Ruine Löffelstelz der einstigen Herren von Dürrmenz trägt, gelangen wir auf dem nach Stuttgart ausgeschilderten Kurs hinüber in die Große Kreisstadt **Mühlacker.** Diese entstand erst 1930 aus den zwei beiderseits der Enz angesiedelten, alten Ortsteilen. Sehenswert wäre unter anderem das Heimatmuseum mit handwerklicher Sammlung in der alten Mönchskelter aus dem Jahre 1596, die zwischenzeitlich als Zehntscheuer diente.

Wir nehmen erst den mit »Pforzheim« bezeichneten Radweg und halten uns später gemeinsam mit dem öffentlichen Verkehr Richtung Enzberg, Maulbronn. Nach dem Wohngebiet Stockach radeln wir über die Erlenbachbrücke zum Ötisheimer Ortsteil Erlenbach und zweigen noch vor Schönenberg rechts auf das gelb-blau markierte Wirtschaftssträßchen ab. An der folgenden Abzweigung geht's links über Streuobstwiesen bergan auf die Weinberge am Südrand des Naturparks Stromberg – Heuchelberg zu. Es folgt ein weiterer Rechts-Links-Haken, bevor uns an der Verzweigung am Teerende ein mit der Wanderroute »9« bezeichneter Waldweg zur Chartaque mit Palisadenzaun bei der Sternschanze auf dem 330 m hohen Sauberg bringt.

Diese Holztürme in Blockbauweise hatte man ab 1696 im Pfälzischen Erbfolgekrieg entlang der Eppinger Linie an geografisch und strategisch bedeutsamen Punkten errichtet. Sie dienten der Beobachtung feindlicher Bewegungen. Alarmsignale gab man meist durch Feuerzeichen weiter. Die Eppinger Linie, ein Teil der einst vom Baseler Rheinknie zum Neckar verlaufenden Befestigungslinie, wurde von Markgraf Ludwig Wilhelm von Baden, dem so genannten Türkenlouis, im späten 17. Jahrhundert eingerichtet. Auch dieser mächtige Graben mit Wall war abschnittsweise zusätzlich mit Palisaden verstärkt.

Von der Plattform der Chartaque gewinnt man eine begeisternde Ausschau übers Enztal und nach Ötisheim. Herzog Eberhard Ludwig ließ an den Hängen dieses seit dem Ende des 8. Jahrhunderts bestehenden Ortes, der eine vom Kloster Maulbronn befestigte Wehrkirche besitzt, für eine geplante Seidenindustrie Maulbeerbäumchen pflanzen. Doch den Waldensern gelang die Seidenraupenzucht, teils wegen des ungeeigneten Klimas, teils aus Mangel am nötigen Wissen, nicht sonderlich gut. Im Nachbarort Schönenberg gab es übrigens im Jahre 1701 die ersten Kartoffeln in Württemberg, die die Waldenser Patates oder Triffuln nannten.

Ein kurzer, mit einem Eichhornsymbol markierter Pfadabstecher leitet anschließend zur nahen Sternschanze, einer sternförmigen Redoute mit recht gut erhaltenen Wällen und Gräben. Durch ihre Unterstützung konnte man der Ausweitung der gefürchteten Raubzüge Frankreichs unter Ludwig XIV. Einhalt gebieten.

Wir holpern auf dem Waldweg, der den Namen Eppinger-Linien-Weg trägt und in einen gut befahrbaren Forstweg wechselt, weiter hinein in die erfrischende Naturparklandschaft. Wenig später folgen wir rechts dem beschilderten Ötisheimer Weg, der uns eine erfrischende Abfahrt nach **Schmie** mit seinen alten Fachwerkhäusern beschert. An der Kirche fahren wir rechts und wählen die Strombergstraße. Die Straße nach Maulbronn, die schöne Ausblicke zu den Höhen des Strombergs gewährt, verlassen wir auf dem für Radfahrer nach Eppingen ausgeschilderten Wirtschaftssträßchen und kommen so verkehrsfrei am rundgeformten Rossweiher vorbei nach Maulbronn im Salzachtal.

An dem vollkommen von Röhricht umschlossenen, kleinen See lohnt sich ein Seitblick zum Nordufer. Der einzige, kaum nennenswerte Zulauf dieser im Gebiet des Keupers liegenden, in niederschlagsarmen Perioden vom Austrocknen bedrohten Wasserfläche hat sein Einzugsgebiet in den Gräben des Schefenackerwaldes südlich von Maulbronn.

Dieses ursprünglich ausgedehnte, mittelalterliche Kanalsystem mit vormals über 20 durch meist künstliche Wasserläufe verflochtenen Weihern, in dem das Oberflächenwasser gesammelt wird, hatten die Maulbronner Zisterziensermönche angelegt. Das heute bedeutende Vogelschutzgebiet und Laichgewässer für Amphibien war früher eine wichtige Rinder- und Pferdeschwemme und wurde schon 1937 als Naturschutzgebiet ausgewiesen.

In der von Kriegen und Katastrophen verschont gebliebenen früheren Oberamtsstadt treffen wir, Richtung Ölbronn radelnd, am Ziel unserer Runde ein, dem weltweit bekannten Kloster **Maulbronn,** der Wiege der Schwäbischen Maultasche. Die markante Spitzturmkirche weist den Weg. Das Wahrzeichen der Stadt wurde 1138 durch Mönche aus Neuburg im Elsaß gegründet und 1147 hierher verlegt. Es bestand bis 1530. Die Klosterschule konkurriert mit Bebenhausen um den Rang des besterhaltenen deutschen Klosterbaus. Maulbronn verkörpert die am vollständigsten erhaltene Klosteranlage des Mittelalters nördlich der Alpen. Aus dem seit 1806 bestehenden evangelisch-theologischen Seminar gingen so bedeutende Namen wie Friedrich Hölderlin, Hermann Hesse und Johannes Kepler hervor.

In Strenge und Klarheit seiner Architektur spiegeln sich die zister-ziensischen Ordensideale und Bauregeln wider. Die letzte Erweiterungsphase erfolgte im 16. Jahrhundert. Von Rechteckrahmen umfasste Arkaden nach Hirsauer Art kennzeichnen die lang gezogene, monumental beeindruckende Pfeilerbasilika. Auf gekuppelten Säulen sockeln im Westflügel die Kreuzgratgewölbe des doppelschiffigen Laienrefektoriums. Als Glanzleistung gilt das elegante, ebenfalls zweischiffige Herrenrefektorium mit seinen sechsteiligen Gewölben. Ein ganz besonderes Augenmerk steht dem Brunnenhaus am Nordflügel des Kreuzgangs zu, dem Lavatorium mit seiner Biberschwanzdeckung. 1993 ernannte die UNESCO das Kloster zum Weltkulturerbe.

Die Wiege der Maultasche

Neben der Klosteranlage selbst und der Dreifaltigkeitskapelle gibt es hier noch jede Menge weiterer Gebäude zu bewundern, mitunter stattliche Fachwerkhäuser wie etwa das heutige Rathaus. Der Gasthof »Klosterkeller« diente einst als Klosterschmiede. Eines der beiden Klostermuseen befindet sich im vormaligen Frühmesserhaus von 1210, das im 19. Jahrhundert als Gefängnis eingerichtet war und zeitweise Wohnhaus des Frühmesspriesters war. Das Wohnhaus des Hof- und Weingärtners verwendete man im 19. Jahrhundert als Schulhaus. Beim herzoglichen Marstall reihen sich die früher wichtigen Wirtschaftsgebäude an: Küferei, Mühle und Pfisterei, der Melkstall mit Wehrgang und der Haberkasten. Eine Ringbefestigungsmauer, Torturm, Hexenturm und Faustturm umschließen die geräumige Anlage.

Doch noch kurz zurück zur beliebten Maultasche. Listige Maulbronner Mönche zauberten diese »feudale Fastenspeise« während des Dreißigjährigen Krieges auf den Tisch, indem sie ein leckeres Stück Fleisch zerkleinerten, dies beschwichtigend mit Gemüse vermengten und alles zusammen in einer spartanisch wirkenden Teigfladenhülle versteckten. So jedenfalls will es die Legende.

Die Zeit drängt uns zur Weiterfahrt. Hinter der Ortsendetafel weist uns das Schild »Radwanderweg Baden-Württemberg« auf einen leicht steigenden Wirtschaftsweg, den zirka 95 km langen Stromberg-Enztal-Weg, der den Langstreckenradler von Marbach am Neckar nach Karlsruhe führt. Der genannte Radwegweiser schickt uns für kurze Zeit auf die Straße Richtung Pforzheim, bevor wir auf einem flachen landwirtschaftlichen Weg mit Blick zur Waldkuppe des Aschbergs wieder die gewohnte Ruhe genießen können.

Fachwerkturm der Maulbronner Kloster-Ringmauer

Vom Aalkistensee zum Eisinger Loch

Die Betafelung des Hauptwanderwegs 8, des Frankenwegs, leitet auf eine Waldfahrbahn. Diese verläuft zu dem auf einer Muschelkalkplatte ruhenden und von der Salzach gespeisten Aalkistensee, der um 1200 von Maulbronner Mönchen als Fischweiher angelegt wurde und heute als wichtiges Vogelbrutgebiet gilt. Purpurreiher, Kormorane, Bekassinen und der Große Brachvogel kommen hierher. Während der kälteren Jahreszeit kann man sogar See- und Fischadler aufspüren.

Wir wollen uns die unbeschwerte Spazierfahrt auf dem reizvollen Rundweg nicht entgehen lassen. Im Ostteil tangieren wir die von der jun-

Der Aalkistensee bei Ölbronn gilt als bedeutendes Vogelschutzgebiet.

gen Salzach durchströmte, verschilfte Verlandungszone. Das Ufer wird überwiegend von alten Baumreihen gesäumt: Grauerlen und Schwarzpappeln, Silberweiden und Eichen. Keine Durchgangsstraße, kein Dorf, kein Baderummel oder schriller Freizeitpark stören das kostbare Idyll. Ein Schutzgebiet überregionaler Bedeutung, das einzig und allein für die Natur reserviert ist. Kein Lebensraum zum Anfassen, nur zum Bestaunen auf Distanz. Und ein durch den landwirtschaftlichen Nährstoffeintrag gefährdeter Lebensraum, der schmerzlich lange die Maulbronner Abwässer aufnehmen musste. Diese fließen heute durch eine Ringleitung. Der Seename bezieht sich auf die Aalkiste, ein Fischfanggerät, in dem man auch die Ausbeute aufbewahrte.

Anschließend kurbeln wir auf dem Frankenweg zurück bis zur Erläuterungstafel über die glorreiche Rückkehr der savoyischen und französischen Waldenser in ihre Heimat 1690. Der mit rotem Kreuz bezeichnete Wirtschaftsweg geleitet uns bergauf nach **Ölbronn.**

Weiter geht's auf dem nicht markierten und anfangs ungeteerten Weinbergweg. An der Verzweigung auf der Anhöhe unter einem Rebhang entscheiden wir uns rechts für den fallenden Eichelbergweg und queren die Kreisstraße von Ölbronn. Wer etwas für Grabhügelfelder übrig hat, kann auch gleich auf dieser weiter nach Dürrn fahren. So entdeckt er im Tal des Erlenbachs eine Gruppierung von einst 15 Grabhügeln, die sich mitunter im Wald befinden und auf die Hallstattzeit zurückgehen.

Durch eine Talniederung kommt man nach Dürrn, wo man am Dorfbeginn rechts auf das Quersträßchen rollt und dem Naturpark endgültig den Rücken kehrt. Im westlichen Ortsteil wählt man die Waldstraße und links die Wirtschaftsstraße über den Golfplatz. Nach dem Kreuzen der B 294 pedaliert man über eine Grünlandkuppe nach **Göbrichen.**

Wir verlassen den Ort sogleich wieder auf der Kreisstraße Richtung Ispringen und folgen schon bald rechts einer querenden, landwirtschaftlichen Teerbahn. An einer Kreuzung nehmen wir links den mit weißer Raute markierten Weg und legen gleich nach dem ersten Acker den kleinen Abstecher auf einer Pfadspur zu dem zwischen Bäumen und Gebüsch versteckten Erdfall Neues Eisinger Loch ein. Der Respekt einflößende, erst 1966 durch Gips- und Steinsalzauslaugung im Grundwasserbereich entstandene Felstrichter liegt längs einer Verwer-

fungszone zwischen Oberem Muschelkalk und Lettenkeuper.

Der Einbruch lässt sich bis in eine Tiefe von 45 Metern nachweisen. Leider wird dieses seltene Naturdenkmal von manchen Mitbürgern mit einer öffentlichen Abfallgrube verwechselt. Unmittelbar daneben entdeckt man das 21 Meter tiefe und deutlich weitere Alte Eisinger Loch mit einer Aushöhlung, zu der man gefahrlos hinuntersteigen kann. Diese auf die gleiche Art und Weise entstandene Doline geht wahrscheinlich auf eine vorgeschichtliche Entstehungszeit zurück.

Wir achten nun auf dem talwärts führenden Weg an der nächsten Kreuzung auf die Raute und steuern auf einer Fahrspur zur Querung der Kreisstraße. Ein weiterer Abstecher leitet auf einem Wirtschaftssträßchen zu einem ehrwürdigen Baumbestand in einer Wiesensenke: Hainbuchen und Stieleichen, Eschen und Weiden. Dazwischen klafft eine ganze Reihe von wenige Meter tiefen Erdfällen, die Neulinger Dolinen, ein geschütztes Rückzugsgebiet für Kleinsäuger und Vögel.

Zurück an der Straße lassen wir uns auf dem Heidelberg-Schwarzwald-Bodensee-Radweg am Katharinentaler Hof bergab stets vom gewohnten Zeichen den Kurs zeigen und fahren an der Mülldeponie geradeaus durch den Wald, verkehrsfrei zum **Pforzheim**er Stadtteil Königsbach und zuletzt auf der Straße zurück zum Bahnhof.

Tourensteckbrief

Pforzheim – Eutingen (5 km) – Niefern (4 km) – Mühlacker (7 km) – Schmie (7 km) – Maulbronn (5 km) – Ölbronn (12 km) – Göbrichen (7 km) – Pforzheim (12 km).

Ausgangsort: Pforzheim, Bahnhof (273 m).

Routenlänge: 59 Kilometer.

Fahrzeit: 5 $\frac{1}{2}$ Stunden.

Höhenunterschied: 440 Meter.

Straßen und Wege: Überwiegend bezeichnete Wirtschafts- und Radwege, mitunter holperige Waldwege und meist verkehrsfreie Sträßchen, kleine Fußabstecher auf Pfaden. Kurze, teils kräftige Steigungen. Orientierungssinn erforderlich.

Für Kinder geeignet: Nein.

Auch als Wanderung zu empfehlen: Nein.

Karte: Wanderkarte des Landesvermessungsamtes Baden-Württemberg, Blatt 29 »Naturpark Stromberg – Heuchelberg«, Maßstab 1 : 50 000.

Ein bisschen Neckar, ein bisschen Enz

Familien-Pedalrunde

an der Wiege des Württemberger Weinbaus

Die höchst malerischen, weiten Weingärten an den ungewöhnlich steilen Neckar-Prallhängen prägen die Gegend um Besigheim. Der breite, mütterliche Fluss hat sich hier durch das gesamte widerspenstige Schichtpaket des Oberen Muschelkalks im so bezeichneten Hessigheimer Sattel gebohrt und unvorstellbare Mengen an Gesteinsmaterial abgetragen. Eine Rad-Spazierfahrt hoch über den Flussschlingen, an einem klaren Herbsttag mit beeindruckender Aussicht, zählt mit Sicherheit zu den beglückendsten Freizeit-Erlebnissen, die das Ländle dem entdeckungsfreudigen Naturliebhaber zu bieten hat.

Der allenfalls als mittelschwer einzustufende Tourenvorschlag von der Enzmündung über die zerborstenen Hessigheimer Felsengärten zur Mundelsheimer Schleife, durch den prächtigen Salenwald und über den kühn abstürzenden Fürstenstand ins originelle Enztalstädtchen Bietigheim geht dem Verkehr so weit wie möglich aus dem Weg und eignet sich deshalb auch bestens für Kinder.

Tiefblicke am Spätzlesäquator

Besigheim besticht durch eine vortreffliche Lage auf einer schmalen Anhöhe an der Mündung der Enz in den Neckar. Wir starten am Bahnhof, schieben beim Gasthof Röser kurz durch die Einbahnstraße und rollen über die Enzbrücke in die charaktervolle Altstadt, die noch Teile der Stadtmauer vorweist. Zwei Rundtürme deuten auf die staufische Zeit hin. Von den ehemals zwei Burgen existiert noch das Steinhaus der Oberen Burg.

Man verlässt die mittelalterliche Stadt mit ihren engen Gassen auf der Heilbronner Route und nimmt die Neckarbrücke Richtung Backnang. Die längere Landstraßensteigung

Besigheim – eine mittelalterliche Stadtidylle
Rechts: Die Hessigheimer Felsengärten – eine bizarre Naturbühne

bringt die möglicherweise noch ein wenig verschlafenen Antriebsmuskeln ordentlich auf Trab. Der rechts abzweigende und mit blauem Kreuz markierte, ruppige Feldweg verlangt schließlich gar noch nach einem »kletterfreudigen« Bergrad, ansonsten heißt es erbarmungslos: »Wer sein Rad liebt, der schiebt.« Haben wir diesen neckischen, kleinen Geschicklichkeitstest erst mal mit Bravour überstanden, kann uns fortan nichts mehr umhauen. Die Sportkletterer würden sagen, die Schlüsselstelle ist gemeistert.

Auf der Anhöhe lenken wir rechts und gelangen in einem kleinen Bogen auf einem Wirtschafts-sträßchen oberhalb terrassierter Weinberge zu den Hessigheimer Felsengärten. Bei dem Blick, den man von hier ins Neckartal hat, kommt wohl kaum jemand nicht ins Schwärmen. Die Traum-Panoramaroute versetzt den Hobbyradler unter dem lang gezogenen, zinnenbesetzten Felsriegel von Anfang an ins Staunen. Da schon mehrere Fels-

stürze die Weinberge erzittern ließen, ist unbedingt auf Steinschlag
zu achten. An Allerheiligen 1924
beispielsweise donnerte ein Felsko-
loss sogar über den gesamten
80 Meter hohen Hang auf die Tal-
straße.

Wer einen näheren Einblick in die
fesselnde Naturbühne gewinnen
möchte, kann sich auf einem an der

Hangkante entlang führenden
Wanderpfad ein wenig die Füße vertreten, wobei man hier am sonnigen, trockenen Rand einer gepflegten Kulturlandschaft auch ein Bild
über die genügsame Steppenheide-
Pflanzenwelt gewinnt. Früher nutzte man diesen Bereich als Ziegen-
weide. Heute verbuschen die Heide-
flecken zusehends.

In der Erholungs-Waldlandschaft Forst, beim Lusthaus

Die abgespaltenen, bizarren Felstürme des schaurig-schönen Naturschutzgebietes mit teils überhängenden Wänden bilden einen extremen Gegenpol zum ruhig dahinströmenden Neckar. Die liebenswerte schwäbische Lebensader lehrt uns Gelassenheit. Ihre Entstehung haben die Felsengärten der Lösung von Salz und Gips bei Wassereinwirkung zu verdanken. Im Laufe der Zeit bilden sich Spalten, und der instabile Untergrund bringt die sich immer mehr talwärts neigenden Türme schließlich zum Einstürzen. Wir sausen an der Felsengartenkellerei vorbei nach **Hessigheim**,

steuern Richtung Ingersheim über die Neckarbrücke und folgen dem ansteigenden Radweg »Schwäbische Weinstraße«. Über dem westlichen Flussufer erstrecken sich weiterhin ausgedehnte Weinberge. Vom Ortsteil Schreyerhof erfreut uns ein ausgezeichneter Tiefblick auf die recht enge Mundelsheimer Flussschleife.

Die nun anhaltende Steige der nach Kleiningersheim führenden Kreisstraße mit spürbar knackigem Mittelteil verlangt uns durch den Salenwald ein nicht zu unterschätzendes Maß an Kondition ab. Am Steigungsende nach dem Waldstück geht's rechts auf einen Forstweg. Der Neckarhaldenweg leitet zurück in den erfrischenden Kleebwald. Nach der langen Kurve, wo vor uns ein Jägerstand sichtbar wird, zweigt ein Waldweg ab, der den Leisetreter zum Aussichtspunkt Salenkanzel bringt. Unmittelbar zu Füßen der Talflanke grüßt uns am gegenüberliegenden Neckarufer das Häusermeer von Hessigheim. Eine faszinierende Ausschau, die nach einem Erholungs- Viertelstündchen verlangt.

Ein nacktes Mannsbild mitten in der Stadt

Wieder auf dem Forstweg, erwartet uns in leichtem Auf und Ab ein verträumter Kurs, der auch als Neckartal-Radweg ausgeschildert ist. Kurz nach einem Wanderparkplatz beginnt der Weg zu fallen. Dort können wir nahe der Wartturmsiedlung

Der weiße »Dampfer« des »Neckar-Käpt'n« auf der Mundelsheimer Schleife, betrachtet vom Weiler Schreyerhof

das Auge von einer weiteren Aussichtswarte nochmals über die zurückgelegte Etappe schweifen lassen.

Wir kehren zum Ende des Parkplatzes zurück und wählen den ausgeschilderten Hardtweg. Kurz nach dem Einschwenken links in die Kreisstraße von Besigheim achtet man auf den Stromberg-Schwäbischer-Wald-Weg, den südwärts führenden Hauptwanderweg 10. Im Weiler **Husarenhof** dirigiert man seinen Drahtesel nach rechts und folgt an einer Bushaltestelle dem mit rotem Punkt bezeichneten Wirtschaftssträßchen.

Die Route wechselt bald in einen etwas holperigen Waldweg, der durch die Erholungs-Waldlandschaft Forst zum Aussichtspunkt Fürstenstand schleicht. Der einst auf den fürstlichen Jagden wichtigste Jagdstand wurde bereits 1856 vom Königlichen Forstmeister Graf von Üxküll-Gyllenband erbaut. Früher trieb man das Wild unter anderem vom Brachberg durch die unter uns liegende Enzfurt herauf auf den exponierten Muschelkalkfelsen. Auch hier deuten Felsspalten an der Hangkante auf die Handschrift der unablässig nagenden Erosion hin, hervorgerufen durch Lösungsvorgänge.

Im stillen Brachberger Tal

Auf wieder gutem Forstweg bleiben wir weiter dem roten Punkt treu und kommen zum Lusthaus, einem Unterstand inmitten einer lichten Eichengruppe. Jetzt entscheiden wir uns für den mit blauem Balken markierten Radwanderweg. An der Wegspinne nach einer Abfahrt rechts lenkend stoßen wir wieder auf den Radweg »Schwäbische Weinstraße«.

Durch eine Bahnunterführung gleiten die Drahtesel zu den ersten Häusern von **Bietigheim.** Wir orientieren uns stets am gewohnten Radwegweiser und rollen nach der Enzüberquerung auf einem Radstreifen hinein nach Bietigheim. Am eigenwilligen Brunnen des Bildhauers Jürgen Goertz, einer Kuh, die mit prallgefülltem Euter auf einem überdimensionalen Milchfass thront, steuern wir durch das Untere Tor und am Fräuleinbrunnen geradeaus durch die Fußgängerzone in den alten Stadtkern.

Wer an der hübschen Enzstadt Gefallen findet, sollte einen kräftigen Schluck aus dem Brunnen nehmen, denn dann – so der Volksmund – vergisst er Bietigheim seiner Lebtag nicht.

Am Marktplatz fällt besonders die schön gemalte Fassade des

Hornmoldhauses aus den Erbau-
ungsjahren 1535/36 auf, neben
dem ständig ein nacktes Mannsbild
steht: mitten in der Stadt!

In dem dreigeschossigen Pracht-
bauwerk des einstigen Vogts von
Bietigheim, Sebastian Hornmold,
befindet sich das Stadtmuseum mit
Ausstellungen zur 1200-jährigen
Stadtgeschichte. Sehenswert sind
unter anderem auch die spätgotische evangelische Pfarrkirche aus
der Zeit um 1400, das Rathaus, der
Ulrichsbrunnen und das Wengerter-
haus.

Am Hillerplatz mit dem von
Goertz geschaffenen zehn Meter
hohen »Turm der grauen Pferde«
mühen wir uns die Metterzimmerer
Straße bergauf und wechseln an einer Ampelkreuzung auf den Radweg der Löchgauer Straße Richtung
Tripsdrill. Vom Radwegende auf einer Anhöhe queren wir die Landstraße und sausen auf einem Wirtschaftssträßchen um den Waldschopf des Abendbergs herum, hinunter durch das Brachberger Tal –
ohne jegliche Anstrengung. Da
kommt Freude auf!

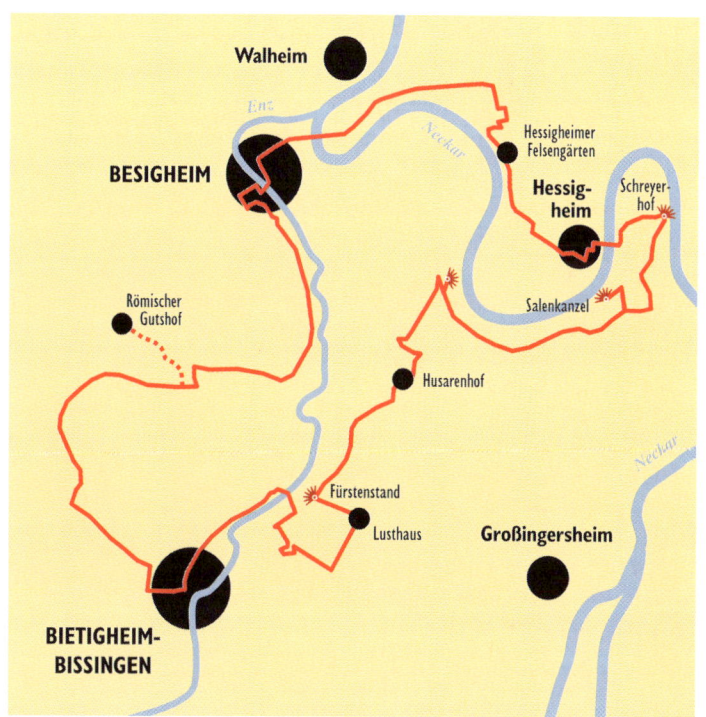

Am Bietigheimer Marktplatz

Kurz bevor die flotte Route in dem stillen Wiesental auf ein Quersträßchen stößt, wäre noch ein Fußabstecher, anfangs auf dem Württembergischen Weinwanderweg, zur Ruine eines römischen Gutshofs auf der Anhöhe des Waldgebietes Rossert möglich. Von der ehemaligen Villa rustica sind noch Mauerreste der ursprünglich sechs Gebäude zu sehen. Auch in Walheim, nördlich von Besigheim, erinnert im Übrigen noch ein römisches Gebäude an die Zeit der Römerherrschaft.

Wir schwenken links in das Quersträßchen ein und fahren an der folgenden Straßenteilung weiterhin bergab. Zum Schluss rollen die Bikes auf dem gemütlichen Enztal-Radweg zurück nach **Besigheim.**

Tourensteckbrief

Besigheim – Hessigheim (7 km) – Husarenhof (7 km) – Bietigheim (7 km) – Besigheim (9 km).

Ausgangsort: Besigheim an der Enzmündung, Bahnhof (190 m), Zugverbindung von Heilbronn und Stuttgart.

Routenlänge: 30 Kilometer.

Fahrzeit: 3 Stunden.

Höhenunterschied: 280 Meter.

Straßen und Wege: Meist bezeichnete Wirtschafts-, Forst- und Radwege, kaum öffentliche Straßen, ein paar raue Passagen. Kurze kräftige Steigungen.

Für Kinder geeignet: Ja.

Auch als Wanderung zu empfehlen: Ja.

Karte: Wanderkarte des Landesvermessungsamtes Baden-Württemberg, Blatt 29 »Naturpark Stromberg – Heuchelberg«, Maßstab 1 : 50 000.

In den Waldenburger Bergen

Stadtbesichtigung und Seenwanderung am Rande der Hohenloher Ebene

Ähnlich wie die Schwäbische Alb aus dem Albvorland, wenn auch nicht ganz so beeindruckend, erheben sich unweit vom Kochertal bei Neuenstein und Kupferzell die nördlichsten Keuperberge des Schwäbisch-Fränkischen Waldes aus der Hohenloher Ebene. Besonders wegen der stimmungsvollen, kleinen Seeaugen im Einzugsbereich der Bibers, wegen der unermesslichen Ausschau übers »Unterland« und wegen eines Besuchs der in kühner Lage erbauten »Bergstadt« Waldenburg lohnt sich ein Ausflug in den Nordostzipfel des Naturparks.

Auch der in Rothenburg ob der Tauber beginnende und über Künzelsau und Löwenstein bis nach Pforzheim führende Frankenweg bindet mit einem Abstecher an das nur wenig mehr als 3000 Einwohner zählende Städtle an. Doch wer denkt im Winter schon ans Weitwandern? Begnügen wir uns lieber mit einem nicht allzu anstrengenden und möglichst gepflegten Ausflug über die stadtgekrönte Bergeshöhe, durch schweigenden Wald und abwechslungsreiche Wiesentäler. Als Ziel wollen wir uns den von der Natur selbst bedrohten Rösslesmahdsee vornehmen. Ein unterhaltsamer Rundkurs, der auch zur frostigen Jahreszeit ohne Probleme durchzuführen ist und manch Wissenswertes über Kultur und Landschaft mitzuteilen vermag.

Monster-Urlurch und Lästerallee

Von dem ein ganzes Stück außerhalb der Stadt Waldenburg genau an der Naturpark-Grenze gelegenen **Bahnhof Waldenburg** leitet das blaue Kreuz über die Bahnbrücke und anschließend durch die Landstraßen-Unterführung, durchweg auf Fußgängerwegen, leicht bergan auf das

Eine winzige Insel schmückt den Goldbachsee.

hochthronende Schloss **Waldenburg** zu. Wie eine Steinkrone schmückt der ummauerte Luftkurort mit seinen mittelalterlichen Wehr- und Wachttürmen die Spitze des gut 500 Meter hohen Bergsporns. Rasch gewinnt der Winterwanderer weite Ausblicke auf die Hohenloher Ebene. Vom Wasserreservoir gelangt man auf einem Fußweg durch Jungwald in eine der außergewöhnlichsten Württemberger Städte.

Durch ein Eisentor und über den Burggraben betritt man die trutzige ehemalige Renaissance-Reichsburg. Das ursprünglich staufische Bergschloss der Fürsten zu Hohenlohe-Waldenburg mit dem »Mändlesturm« genannten Bergfried, durch vier runde Ecktürme abgegrenzt, wurde 1732 bis 1739 in schlichtem Barockstil (ja, so etwas gibt es!) neu errichtet. Im Hofraum stoßen wir auf einen 65 Meter tiefen Brunnen aus dem 15. Jahrhundert. Das Siegelmuseum in der Schatzkammer mit Siegeln aus 1000 Jahren, Münzen und Zinnfiguren ist während der Wintermonate leider geschlossen.

Die gewohnte Markierung führt uns durch den ansprechenden Stadtkern, für den auf dem taillierten Bergscheitel nicht besonders viel Platz bleibt. Im Saal des sehenswerten Neuen Rathauses ist das im Winter ebenfalls geschlossene Hohenloher Urweltmuseum untergebracht. Als weltweit einzigartig gelten die Saurierreste von Kupferzell, die 1977 beim Bau der Autobahn Heilbronn–Nürnberg zum Vorschein ka-

men. Insgesamt brachte eine Notgrabung in der dünnen Mergelschicht des Lettenkeupers 30 000 Fundstücke ans Tageslicht: Knochen von Sauriern, Lurchen und Lungenfischen. Wissenschaftler gehen davon aus, dass es hier vor etwa 200 Millionen Jahren während einer Trockenzeit zu einem Massensterben kam.

Nebenan befindet sich das Alte Rathaus aus dem 12. Jahrhundert. Nach der neugotischen Stadtkirche steht an der Hauptstraße der Lachners-Turm, ein Buckelquader-Hochwächterturm aus der Stauferzeit. Gegenüber stoßen wir auf das Brunnentörle, von dem früher 248 Stufen zum Brunnen in der Hohenau hinunterführten, der bis 1900 einzigen Trinkwasserversorgung. Den Aufstieg, der mit Steinbänken eingerichtet ist, auf denen man die schweißtreibenden Butten abstellen konnte, bezeichneten die Waldenburger auch als Lästerallee, weil man sich hier zum zwanglosen Ratschen traf. Anschließend schlüpfen wir durch den Torbogen der Schanz, die mit zweieinhalb Meter dicken Schildmauern als vorgeschobene Bastion vor dem Bärengraben diente. Von dem auf der anderen Straßenseite erkennbaren Nachtwächterturm, einem einstmals überdachten Geschützturm mit Schießscharten zum Schutz des Äußeren Tors, bestand eine Rufverbindung zum Lachners-Turm. So konnten sich die beiden Wachtposten nachts stündlich ihre Wachsamkeit bekunden.

Winterliche Impressionen am Rösslesmahdsee

An der Bushaltestelle Haller Straße weist das blaue Kreuz Richtung Ziegelhütte. Wenig später, an der Haltestelle Mörikestraße, achten wir auf den Wegweiser »Tommelhardt«. Kurz darauf dirigiert uns unser Zeichen auf einen fallenden Feldweg. Von der Talsohle geht's auf einem Waldweg kurz bergauf. Diese lehmige Etappe kann bei feuchter Witterung recht schmierig sein.

Durch den winterstillen Burgerschlag, einen flachen Mischwald, finden wir einen guten Forstweg vor. Wo die Wanderroute nach einer geraumen Weile auf eine Querstraße stößt, folgt man dieser talwärts zum Landhaus-Café **Neumühle** am kleinen gleichnamigen See im Waldtal der jungen Bibers mit Naturbadestrand und Campingplatz. Von den Biberstalweihern gab es früher bedeutend mehr. Sie versorgten die Bevölkerung mit den Fastenfischen.

Wir spazieren am eisverkrusteten Ufer entlang. Das wintersüber ausgelaufene Gewässer zeigt ein ungewohntes Gesicht. Eine dünne Schneeschicht verhüllt den schlickigen Seegrund. Lediglich die durchströmenden Wasseradern und ihre verspielten Verästelungen mit unterschiedlichen Mustern verleihen dem Winterschlaf haltenden Feuchtgebiet ein wenig Leben. Wasser im Wandel vom festen in den flüssigen Zustand gleißt und schimmert, glitzert und blinkt. Hörbar ist es dage-

Nach Schneetagen wieder abgetaute Herbsterinnerungen in Untermühle

gen kaum, nur ein ganz leise vernehmliches Tropfen, Glucksen und zartestes Rieseln. Geht der Tag zur Neige, erstarrt es aufs Neue.

Vom Ende des Sees wandern wir zwischen den Waldeshöhen Buchberg und Mühlberg auf einem geteerten Wirtschaftsweg, den Osteinlauf als Begleiter, zum verträumten Weiler **Goldbach** mit dem kleinen, inselgeschmückten Goldbachsee. Das vormalige Kloster, von dem nur noch Hofgebäude zeugen, diente den Paulaner-Eremiten als Unterkunft. Man vermag der unscheinbaren Häuseransammlung samt der idyllischen Umgebung ihre besondere Ausstrahlung nicht abzusprechen.

Die kaum befahrene Kreisstraße Richtung Beltersrot bringt uns zu dem ebenfalls bescheidenen und in einer geräumigen Hochmulde gelegenen, schilfumschlossenen Rösslesmahdsee. Der Abfluss aus der Südostbucht nährt den Goldbachsee. Ein Zufluss ist nicht zu erkennen. Der Miniaturwasserspiegel gibt sich mit dem von den umliegenden Höhen unterirdisch zuströmenden Sammelwasser zufrieden.

Weglos spuren wir über eine Wiese zum Waldrand und Naturschutzgebiet Pfaffenklinge. Der Rand der Schilfzone an der Nordspitze des Rösslesmahdseeleins liegt gerade mal 30 Schritte abseits des Steilrandes der Waldenburger Berge. Und dort lauert der natürliche Tod: die Erosion. Die außer nach kräftigen Regengüssen oder während der Schneeschmelze trockenliegende Klinge sägt sich zusehends in Richtung des Feuchtgebiets ein. Sie wird dem Rösslesmahdsee ohne Zutun des Menschen im Laufe der Zeit mit Gewissheit das Wasser abgraben.

Die Waldstraße hinunter nach **Beltersrot** beginnt nun deutlich zu fallen. Die Straßenböschungen geben anfangs hier und dort beachtenswerte Schilfsandsteinschichtungen frei. Von einem Rast- und Spielplatz ist es nicht mehr weit über Talwiesen hinein in den kleinen Ort am Ostrand des Naturparks, wo sich der Wanderer im Wirtshaus aufwärmen sowie Durst und Hunger stillen kann.

Hier stoßen wir auf den für Radwanderer ausgeschilderten Burgenweg, der Rothenburg ob der Tauber mit Heilbronn verbindet. Das stille Sträßchen bringt uns in leichtem Auf und Ab nach **Löcherholz.** Abschließend bummeln wir auf die hohe Stadt zu und gelangen, am Ortsende von Untermühle rechts abbiegend, zurück zum **Bahnhof Waldenburg.**

Tourensteckbrief

Bahnhof Waldenburg (350 m) – Waldenburg (504 m) – Neumühle (433 m) – Goldbach (450 m) – Beltersrot (373 m) – Löcherholz (390 m) – Untermühle (370 m) – Waldenburg (350 m).

Ausgangsort: Bahnhof Waldenburg (350 m), an der Landstraße von Waldenburg über die A 6, Naturpark Schwäbisch-Fränkischer Wald; Zug von Stuttgart über Heilbronn.

Routenlänge: 16 Kilometer.

Gehzeit: 4 $\frac{1}{2}$ Stunden.

Höhenunterschied: 240 Meter.

Wege: Gut bezeichnete und kaum befahrene Sträßchen sowie Fußgänger- und Forstwege, bei feuchter Witterung ein eventuell schmieriger Waldweg-Abschnitt, kurze weglose Passage. Neben der längeren Anfangssteigung nur ein paar harmlose Aufschwünge. Außer bei extremer Schneelage problemlos begehbar.

Für Kinder geeignet: Nein.

Auch als Radtour zu empfehlen: Ja, auch für Kinder.

Einkehrmöglichkeit: In Beltersrot.

Karte: Wanderkarte des Landesvermessungsamtes Baden-Württemberg, Blatt 28 »Naturpark Schwäbisch-Fränkischer Wald«, Maßstab 1 : 50 000.

Schluchtenreiche Löwensteiner Berge

Mit Rad und Wanderschuh auf Naturpark-Exkursion

In der waldreichen Kuppenlandschaft der Löwensteiner Berge stoßen drei Weitwanderwege zusammen. Der von Rothenburg ob der Tauber über die Waldenburger Berge und Heilbronn nach Pforzheim verlaufende Frankenweg trifft bei Neuhütten auf den Georg-Fahrbach-Weg Ingelfingen–Stuttgart und in Löwenstein auf den durch fränkische und schwäbische Weinbaulandschaften führenden Weinwanderweg Aub–Esslingen. Hinzu kommen jede Menge bezeichneter Naturparkwege. Für den Wanderer wäre also bestens gesorgt.

Ganz anders dagegen, wer per Pedalantrieb den Norden des Naturparks Schwäbisch-Fränkischer Wald entdecken möchte. Abgesehen von ein paar wenigen ausgeschilderten Routen müssen sich Radfahrer auf der Wanderkarte erspähte Wunschetappen, kulturelle und landschaftliche Highlights selber zu einer gefälligen Rundtour zusammenstellen. Sucht man sich zwecks einer angenehmeren Orientierung die Straßenanteile und breiten Wegabschnitte der regionalen und überörtlichen Wanderrouten heraus, plant man ganz automatisch die begehrten Schleichwege durch stille Wälder, weitgehend verkehrsfreie Bachtäler und über besonders aussichtsreiche Höhenzüge mit ein. So nebenbei stößt man auch noch auf die typischen, allerdings dem Fußgänger vorbehaltenen Schluchten dieser prächtigen Erholungslandschaft und natürlich auf die alten Silberstollen. Wie in unserem Falle bedeutet dies für die Praxis: mal strampeln, mal spazieren gehen. Ein jeder, wie er gerade aufgelegt ist.

Die spärliche Anzahl von Ortschaften im Tourensteckbrief sagt bereits einiges über den Routencharakter aus. Es wird recht einsam. Zu beachten ist, dass die von den ver-

Der Löwensteiner Bergkegel am Nordrand des Schwäbischen Waldes

schiedensten Eindrücken geradezu überquellende, kombinierte Aktion einen nicht zu unterschätzenden Zeitaufwand verlangt. Die dennoch nur mittelschwere Runde hält sich vorwiegend an Forstbahnen und eignet sich deshalb auch für ausdauernde Kinder. Ein Mountainbike hilft dabei angenehm über die anstrengendsten Hürden hinweg.

Zum »Schwaben-Klondike«

Das auf einem nördlichen Vorsprung der Löwensteiner Berge hoch überm Weinsberger Tal angesiedelte Städtchen **Löwenstein** wurde am 14. April 1945 durch einen Fliegerangriff fast vollständig

zerstört. Der Weinbau an der Randlage des Mittelgebirges bringt unter anderem fruchtige Rieslinge, blumige Sylvaner und würzige Kerner, aber auch saftige Trollinger, milde Schwarzrieslinge und feurige Lemberger hervor.

Vom Marktplatz mit Stadtbrunnen, auf dem symbolhaft ein stolzer Löwe wacht, folgen wir kurz der ansteigenden Maybachstraße. Der Radwegweiser »Löwensteiner Berge« lenkt zum Burgweg Richtung Klinik Hirrweiler. Nach dem für uns unvorbereitet einheizenden Tourenauftakt können wir auf dem kaum nennenswerten Wanderweg-Abstecher zur Burg ein wenig die Füße vertreten.

Die geräumige Anlage auf der Waldeshöhe mit der vieleckigen Ringmauer und ansehnlichen Überresten der Schildmauer überrascht durch einen restaurierten, besteigbaren Bergfried (geöffnet an Wochenenden und Feiertagen), von dem sich eine vortreffliche Ausschau über das weithin wogende Keuperbergland bietet. Der salische Erstausbau der Burg unter den Calwern ist um 1100 angegeben. Nach einer ersten Zerstörung erfolgte im 12. Jahrhundert eine welfische Erneuerung. Der 1441 begonnene wittelsbachische Spätausbau fiel im Jahre 1512 einer Brandzerstörung zum Opfer.

Wir kurbeln weiter auf dem nun flacheren Wirtschaftssträßchen. Wo sich der Wald öffnet, drängt sich nochmals eine Schaupause auf, diesmal über die Weinberge hinaus aufs Vorland mit dem Taleinschnitt der jungen Sulm. Wenig später sausen die Drahtesel auf einem Radweg über eine Kuppe dem Stadtteil Hirrweiler entgegen. Gleich am Ortsanfang steuern wir auf die Straße zur Klinik Löwenstein und nehmen das Anliegersträßchen zum Imbiss Waldesruh.

Der Mühlmahdweg, ein bald fallender Forstweg, schenkt uns eine erfrischende Mischwaldabfahrt ins Tal eines Lauterzuflusses. Dort folgen wir links der Landstraße Löwenstein – Spiegelberg und schwenken am gleich auftauchenden Wanderparkplatz wieder auf eine gemütliche Forstrollbahn ab. Die östlich von

Skurriler Baum auf dem Greutfeld

Hirrweiler entspringende Lauter begleitet jetzt die beschauliche Strampelei auf dem Rundwanderweg »J«. Später ist der leicht steigende Erholungskurs identisch mit dem durch einen roten Balken gekennzeichneten Hauptweg 8 des Schwäbischen Albvereins, dem Frankenweg Pforzheim – Rothenburg.

An einer Kreuzung wählt man den nach Wüstenrot führenden Armenfeldweg und kommt am Waldende beim Landgasthof Chausseehaus zu einem Sandwerk. Wie hier bestehen die Hochflächen der

Private Mächler-Bahn in Spiegelberg

gen, geschützten Feuchtgebiet vorbei.

Für eine Weile entfernen wir uns wieder von der Ortschaft. Wo erneut die Wüstenroter Häuser auftauchen, dirigiert uns der Wegweiser »Naturdenkmal Silberstollen« auf einen kurzen Radweg. Vom nahen Parkplatz mit einer Hinweistafel über den ehemaligen Bergbau führt ein Wanderweg an der felsigen Pfaffenklinge bergab zu den beiden Stollen »Unverhofftes Glück« und »Soldatenglück«, die sich unter sehenswerten Felsüberhängen des Oberen Stubensandsteins verstecken.

In der zweiten Hälfte des 18. Jahrhunderts wurde diese Ecke des Schwäbischen Waldes wie auch die Gegenden um Spiegelberg und Murrhardt nach Meldungen von Silberfunden von einem wahren Gold- und Silberrausch heimgesucht. Dabei ist so manch braver Glücksritter seine mühsam im Bergwerk verdienten Groschen, ehe er sich groß darüber freuen konnte, unfreiwillig wieder los geworden. Denn verständlicherweise lockte der gefragte »Schwaben-Klondike« auch allerlei schlitzohrige, dunkle Gestalten an, die hinterhältig die anderen die Arbeit machen ließen.

Der größte Gauner war jedoch, man glaubt es kaum, der Besitzer der Pfaffenklinge höchstpersönlich, der sein Bergwerk mit dem Erlös erschwindelter Anteilsscheine finanzierte. Er gab einfach einen fiktiven zu erwartenden Silbergehalt pro Zentner Gestein an. Zum Leidwesen

Löwensteiner Berge überwiegend aus Stubensandstein. Die bemerkenswerte Gesteinsschichtung lockt uns für einen Moment aus dem Sitzleder (Vorsicht Steilabbruch!).

Rechts dem mit blauem Punkt markierten, stillen Sträßchen folgend, mündet unsere Route in die Löwensteiner Straße. Wir achten auf die Abzweigung des Radwanderwegs »Idyllische Straße« und nehmen ab dem Hotel »Am Spatzenwald«, am Dorfrand des Erholungsortes **Wüstenrot,** das Wirtschaftssträßchen an einem winzi-

Ausblick von der Oberen Roßstaige auf das Keuperbergland

aller Beteiligter war der Gewinn der Bergwerke mehr als ernüchternd. Die Schmelzproben blieben erfolglos. Bereits sechs Jahre nach dem Beginn des Bergbaus endete dieser auch schon wieder, nach dem Motto »außer Spesen nichts gewesen«.

Wer in diesem stimmungsvollen Waldwinkel beim zufälligen Aufspüren goldglänzender Kristalle große Augen bekommt, der sollte nicht allzu voreilig in einem Freudentanz gleich die ganze Zukunft über den Haufen werfen. Bei dem vermeintlichen Reichtum handelt es sich leider lediglich um Schwefelkies, so genanntes Katzengold.

Zurück in Wüstenrot lassen wir die Räder auf der Kretschmerstraße hinunter zur Kirche rollen und treten anschließend die nach Sulzbach beschilderte Hauptstraße bergan. Wir orientieren uns am Wegweiser »Altfürstenhütte«, schwenken auf den Haldenweg ab und folgen der Kreisstraße Richtung Vorderbüchelberg. Auf die Abzweigung des mit »Seewiesen« betafelten Forstwegs achtend stoßen wir auf den Georg-Fahrbach-Weg Ingelfingen–Stuttgart, eine Albvereins-Fernwanderroute (roter Balken).

Bike & hike im Schwäbischen Wald

Nach der folgenden Kuppe trifft man wieder auf eine Straße. Dort

Tourenausklang am Bleichsee bei Löwenstein

chern im hier und dort einfallenden Sonnenlicht. Mächtige, kantige Felsblöcke verleihen dem Naturschutzgebiet an den Quellwassern des Dentelbachs eine fesselnde Ausstrahlung.

Wieder im Sattel halten wir uns auf einem Wirtschaftsweg weiter an die mit dem roten Balken bezeichnete Route über die Wiesenkuppe des 563 m hohen Greutfeldes. Man genießt dabei eine wunderbare Aussicht über das schier endlose Wald-Hügelland. Nach einem bizarr abgesplitterten Baumstrunk, der fast wie eine moderne Skulptur einen starken Gegenpol zu dieser harmonischen Landschaft herstellt, lenkt die Markierung in einer Kurve auf eine Fahrspur, die sogleich wieder in einen deutlichen Feldweg wechselt.

Der im Wald ansetzende, weiche Wanderweg bedeutet kurzzeitig das Aus für ein lockeres Fahrvergnügen. Hinunter zum Rastplatz bei einem verlandeten Tümpel, an der Kreisstraße nach Spiegelberg, ziehen wir deshalb lieber eine kleine Schiebeeinlage vor. So kommen wir um eine sonst eventuell fällige Vollreinigung herum. Wer's lieber bequem mag, der wählt von der Bodenbachschlucht die nach Großhöchberg beschilderte Straße hierher.

Und schon wieder hat es uns eine dieser geheimnisvollen Schluchtöffnungen angetan. Man kann sich einfach nicht dagegen wehren. Das Schildchen »Hohler Stein« weist auf ein mit rotem Punkt kenntlich ge-

sollte man seinem Speichenroß eine kleine Ruhepause gönnen. Der spannende Wanderpfad Richtung Spiegelberg entführt den neugierigen Bike-&-hike-Freund in die verschwiegene, wildromantische Bodenbachschlucht. Tannen und Eichen mischen sich in den von Buchen und Fichten bestimmten Schluchtwald. Moose, Farne und Algen können sich in dem feucht-kühlen Klima bestens entwickeln. Besonders die Farnarten bezaubern mit ihren leuchtenden Fä-

machtes Weglein. In Kürze gelangen wir talwärts zum Beginn einer wenig eingekerbten Klinge, der Tobelschlucht. Ein weiteres Naturdenkmal, umgeben von angepflanzten Thujabäumen, empfängt uns. Wär es nicht schade gewesen, an diesem die Phantasie beflügelnden Felsenzirkus mit seinem eindrucksvoll ausladenden Dach einfach so mir nichts dir nichts vorbeizufahren?

Wer Zeit hat, mag den insgeamt einen Kilometer langen Abstieg zum Wasserfall am Hohlen Stein fortsetzen. Das kleine Stück bis zu einer markanten Aushöhlung, über die ein Miniatur-Wasserfall plätschert, lohnt sich in jedem Falle. So entdeckt man einen wahrlich köstlichen Winkel für eine ungestörte Vesper.

Nach dem Aufstieg radeln wir nur noch kurz auf der Hauptroute Richtung Großhöchberg. An einer Buche am rechten Straßenrand macht uns das Markierungszeichen »G 1« auf die Abzweigung eines Forstwegs aufmerksam. Nun setzt eine lange und begeisternde Waldabfahrt an, deren neckische Kurverei unvergesslich bleibt.

An der Verzweigung bei einem Unterstand entscheidet man sich für den oberen Weg und ab der folgenden Gabelung für den wieder mit »G 1« bezeichneten Kalkbrunnenweg. Nach einem flachen Abschnitt können wir die Bikes erneut der Schwerkraft überlassen: ein Gedicht! Wieder im Lautertal ist es

Auf der Abfahrt zum Bleichsee blüht im Frühsommer der Fingerhut.

nicht mehr weit hinein nach **Spiegelberg,** wo wir gleich am Dorfbeginn Kurs Prevorst einschlagen.

Über den Stocksberg

Wer noch Lust auf einen zusätzlichen Schluchtspaziergang verspürt, kann am bald darauf erscheinenden Wanderparkplatz auf den mit »Juxkopf« beschilderten Waldweg abzweigen. Im weiteren Verlauf schleicht ein markierter Pfad hinauf durch die Hüttlenwaldschlucht. Dabei zeigen sich verschiedene Gesteinsschichten, Kalksintererscheinungen und eine reizvolle Naturbrücke. Außerdem ist es vom Schluchtausgang nur noch ein Katzensprung zum Aussichtsturm auf dem Juxkopf mit der Hütte des Schwäbischen Albvereins.

Weiter taleinwärts verlassen wir die nach Prevorst führende Straße auf dem Forstweg zum abgelegenen Weiler Obere Roßstaig. Die 100-Meter-Auffahrt erweist sich dabei als ziemlich wadenschindend. Die mit »S 4« markierte, über einen Höhenzug leitende Route steigt anschließend erfreulicherweise nicht mehr lange an.

Auf dem am Aschenberg abgehenden Silberstollenweg ist ein befahrbarer Seitblick empfehlenswert, zuletzt auf einem Waldweg, bergab zum etwa 22 m langen Silberstollen, genannt »Glück auf den Bau zu Gott im Gaisberg«. Aus dem ähnlich wie schon im Falle der Wüstenroter Stollen unangenehm niedrigen Gang tritte eine Quelle zutage.

Die Hauptstrecke zum 539 m hohen **Stocksberg** ist an den Forstweggabelungen jeweils ausgeschildert. Vom Aussichtspunkt Jägerhaus mit Antennenmast müssen wir ein paar Meter auf dem Wanderpfad Richtung Beilstein bergab schieben, bevor uns ein Waldweg

zur Kreisstraße von Prevorst wieder aufsitzen lässt. Rechts einbiegend achtet man an einer Verzweigung auf den Wegweiser »Etzlenswenden« und an einer Kreuzung auf das Wandertäfelchen »Bleichsee«.

Nach der Forstweg-Traumabfahrt, vorbei an zahlreichen, teils weißen Blütenkelchen des hier auf den kleinen Lichtungen und an Wegrändern üppig gedeihenden Roten Fingerhutes schieben wir unsere Untersätze von einer Verzweigung auf dem mit blauem Kreuz bezeichneten Pfad hoch Richtung Löwenstein. Gleich oberhalb eines Fahrwegs gelangt man zum wald-umschlossenen Bleichsee. Seine Ufer sind schlecht zugänglich. Angenehmer aber umständlicher ist es, statt auf dem Pfad gleich auf der Forstroute ans Ostufer zu fahren.

Mit Ausschau zum allmählich wieder ins Blickfeld rückenden, hochthronenden Städtchen kann man hier inmitten einer märchenhaften Umgebung den trotz der nicht gerade spektakulären Streckenlänge ausgedehnten Tourentag noch einmal Revue passieren lassen. Vom nahen Parkplatz bringt uns die Straße mit einer Schlussabfahrt (beinahe hätten wir den Schlussaufstieg vergessen) zurück nach **Löwenstein.**

Tourensteckbrief

Löwenstein – Wüstenrot (11 km) – Spiegelberg (13 km) – Stocksberg (8 km) – Löwenstein (7 km).

Ausgangsort: Löwenstein im Nordwesten des Naturparks Schwäbisch-Fränkischer Wald, Marktplatz (385 m). Vom Bahnhof Willsbach (Zug von Heilbronn) auf Radweg erreichbar.

Routenlänge: 39 Kilometer (Radstrecke).

Fahrzeit: 4 $^1/_2$ Stunden, Fußabstecher mindestens nochmals 2 Stunden reine Gehzeit.

Höhenunterschied: 600 Meter (ohne Wanderzugaben).

Straßen und Wege: Meist bestens bezeichnete Forst- und Wirtschaftswege, nur kurze Straßenabschnitte, ganz kleine Schiebestrecken auf Wanderwegen. Unterschiedlich lange, mitunter anstrengende Steigungen, genussreiche Abfahrten. Fußabstecher ebenfalls zuverlässig beschildert und markiert.

Für Kinder geeignet: Ja.

Auch als Wanderung zu empfehlen: Nein.

Karte: Wanderkarte des Landesvermessungsamtes Baden-Württemberg, Blatt 28 »Naturpark Schwäbisch-Fränkischer Wald«, Maßstab 1 : 50 000.

Stille Berg-und-Tal-Fahrt

Prächtiger Naturpark
mit erfrischendem Landschaftswechsel

Der Begriff Naturpark steht laut Landesnaturschutzgesetz für großräumige Gebiete, die mit ihrer Vielfalt, Eigenart und Schönheit von Natur und Landschaft der Bevölkerung als Erholungsraum dienen sollen. Wer mit seinem Fahrrad durch den Schwäbisch-Fränkischen Wald tourt, der sich von Schwäbisch Gmünd bis hinauf nach Öhringen erstreckt und von Stuttgart bequem mit der S-Bahn zu erreichen ist, findet diese Ziele der Raumordnung und Landesplanung rasch bestätigt.

Der rege Wechsel zwischen stimmungsvollen, wasserreichen Waldungen und offener, lebendiger Heckenlandschaft mit typischer Weiler-Siedlungsstruktur lässt den leidenschaftlichen Pedalwanderer wiederholt ins Schwärmen geraten. Das gelegentlich mit kraftfordernden Steigungsprozenten gewürzte Auf und Ab der in Jahrhunderten gewachsenen Naturlandschaft zwischen Neckar und Kocher kann allerdings zwischendurch auch mal zu mehr oder minder heftigen Unmutsäußerungen führen. Doch schnell hat sich die gedrückte Laune wieder verflüchtigt, wenn der kühlende Fahrtwind auf dem nächsten Kurventanz versöhnend um die Ohren pfeift.

Um den gesamten Naturpark an einem einzigen Tag zu »erfahren«, bedürfte es olympischer Leistungen. Wir wollen uns deshalb mit einer kleineren und dennoch streckenweise ein wenig wadenschindenden Rundtour im Zentrum dieses Keuperberglandes begnügen, beiderseits der Murr, im Murrhardter und Welzheimer Wald. Ausgesuchte Rad- und Forstwege sowie angenehm ruhige Straßen lassen uns die Ausstrahlung des gestaltungsreichen und trotz seiner insgesamt 32 Gemeinden auffallend dünn besiedelten Gebietes mit der gebüh-

Am verträumten Treibsee bei Kaisersbach

renden Muße aufnehmen. Das Tourenrevier der Löwensteiner und Waldenburger Berge sowie des Mainhardter Waldes tragen wir für ein andermal in unsere Wunschliste ein.

Treibsee und Große Platte

Steuern wir vom **Murrhardt**er Bahnhof erst mal hinein in die Stadtmitte. Das ehemalige Benediktinerkloster, heute evangelische Stadtkirche, war wesentlich an der Besiedelung des Schwäbisch-Fränkischen Waldes beteiligt. Als weitere sakrale Sehenswürdigkeit Murrhardts gilt die angefügte romanische Walterichskapelle. Diese erinnert an den ersten hier wirkenden Abt, den Einsiedler Walterich. Gestiftet hatte das Kloster Kaiser

Ludwig der Fromme, der Sohn Karls des Großen. Dass der Herrscher hier seine letzte Ruhestätte gefunden hat, wie man gelegentlich lesen kann, entspricht allerdings nicht ganz den Tatsachen. Lediglich das Herz des Kaisers wurde von seinem Todesjahr 840 bis um 1550 im Kloster aufbewahrt. Der Körper ruht dagegen in Metz. Den silbernen Sarkophag, der das Kaiserherz einst umschlossen hatte, ließ Herzog Christoph von Württemberg der wertvollen Edelmetalle wegen einschmelzen. Der Herzstaub wurde damals schlicht an die Luft gesetzt. So muss sich der Besucher heute leider mit einem Scheingrab zufrieden geben.

Beim Rathaus am schönen Marktplatz mit den schmucken

Wald- und Heckenlandschaft zwischen Eichenkirnberg und Fichtenberg

Fachwerkfronten lenken wir in die Sterngasse und biegen rechts in die Grabenstraße ein. Der ausgeschilderte Stadtrundgang führt zu den bedeutendsten alten Gebäuden. An der Hausnummer 10 aus dem Jahre 1556 sausen die Drahtesel durch die Radunterführung. Eine gemütliche Pedalroute schleicht daraufhin an der Murr entlang. Im weiteren Verlauf bringt uns ein verkehrsfreies Sträßchen über den Ortsteil Lutzensägmühle nach Hausen.

Wir wechseln das Murrufer und nehmen den Radweg neben der Landstraße. Im Weiler Wahlenmühle auf die wenig befahrene Route Richtung Gschwend abzweigend, kommen wir an einem Naturschutzgebiet mit verspielten Flussschleifen vorbei. Die Murr beschreibt hier einen auffallenden Bogen um den Raitberg. Sie entwässerte früher wie auch manch anderer Fluss des Naturparks zur Donau. Nach dem Einbruch des Rheingrabens erhöhte sich jedoch die Fließgeschwindigkeit der Rheinzubringer. Die dadurch im Laufe der Zeit entstandene rückschreitende Erosion grub der Donau schließlich an manchen Stellen das Wasser ab und bewirkte auch einen Richtungswechsel der Murr, die fortan dem Rhein zustrebte.

Am Göckelbach entlang sanft bergan kurbelnd, geht's nach **Unterneustetten.** Im benachbarten Oberneustetten wählen wir den einsamen Kurs nach Gänshof. Später leitet uns ein vorzüglicher, mit blauem Balken markierter Forstweg in ein enges Mischwaldtälchen hinein. Am kleinen Treibsee mit winzigem Inselchen findet der Radwanderer im nördlichen Welzheimer Wald neben einem Grillplatz auch einen Unterstand. Das Staugewässer diente einstmals der Flößerei. Man konnte damit der Murr – oder besser gesagt dem geflößten Holz – ein wenig auf die Sprünge helfen.

Wir orientieren uns in der Folge am Wanderwegweiser »Rote Platte« und haben uns auf dem kräftig steigenden Weg mächtig ins Zeug zu hängen. Durch einen düsteren und wildromantischen, von mehreren scharf eingekerbten Klingen durchzogenen Wald gelangen wir zu einer auffallenden, schräg gestellten und fast einen halben Meter dicken Felsplatte mit gemauertem Sockel, der so genannten Roten Platte. Der markante Angulatensandstein, durch Kalk hart gebunden, war ursprünglich Bestandteil der Schwarzjura-Hochfläche und hat irgendwann zur »Talfahrt« über den rutschgefährdeten Knollenmergelhang angesetzt, bis er hier schließlich zur Ruhe gekommen ist.

Beim Bau des Treibseeweges im Jahre 1889 behinderte dieses etwa 20 Quadratmeter große, rund 150 Millionen Jahre alte Platten-Monstrum die Arbeiten. Man kann sich gut vorstellen, dass die Verlegung alles andere als ein Kinderspiel war. Den deutlichen Kerbadern maß man früher unterschiedliche Bedeutung zu. Manche sprachen von Tier-

spuren, andere deuteten sie als Abdrücke von Versteinerungen, ja sogar als vorgeschichtliche Ritzungen. Heute werden die Vertiefungen als Schlammsprünge erklärt, entstanden vor Urzeiten am Rande des älteren Jurameeres.

Durch den Welzheimer Wald nach Fichtenberg

Auf der weiterhin saftigen Waldsteige lässt sich ohne Mountain-Bike das Schieben des geliebten Untersatzes wohl nicht ganz vermeiden. An der Verzweigung, wo die Steigungsprozente nachlassen, schlagen wir den Schlittenweg nach Kaisersbach ein. Der 1787 als 26 Kilometer langer, zu Zwecken des Holztransports angelegter Erdweg vom oberen Kochertal zum Ebnisee wurde nur im Winter benutzt. Man wollte mit dem Flößen des Kochertalholzes vom Ebnisee auf Wieslauf und Rems Richtung Stuttgart dem Holztransport auf dem Kocher entgegenwirken, der den wertvollen Rohstoff ins Ausland brachte.

Unsere Route mündet bergwärts in ein Sträßchen, das an einem ausgewiesenen Bannwald entlangführt. Das Gebiet, das sich auf natürliche Art und Weise zum »Urwald von morgen« entwickeln soll, dient auch der Wissenschaft für die Umweltforschung. Über eine aussichtsreiche, kleine Hochfläche radeln wir nach **Kaisersbach.** Um sich noch mehr Überblick zu verschaffen, braucht man nur den 573 m hoch sockelnden, örtlichen Aussichtsturm auf dem Bühl besteigen. Zudem wäre es von hier nicht mehr weit hinunter zum beliebten Ebnisee, in dem sich die Quellbäche der Wieslauf sammeln. An heißen Sommertagen kommt man um diesen verlockenden Badeabstecher fast nicht herum.

Beim Kreisverkehr am Ortsanfang folgen wir dem genüsslichen Wirtschaftssträßchen durch Wiesensenken stets geradeaus. In Mönchhof richten wir uns erst nach dem Wegweiser zum Schullandheim und nehmen an der Verzweigung außerhalb der kleinen Häuseransammlung das verkehrsfreie Sträßchen Richtung Menzles. Der Temporausch durch gemischten Wald hinunter in die Talsenke des Mosbachs lässt helle Freude aufkommen.

Der Holzanteil des Naturparks, der heute bei 53 Prozent liegt, war keineswegs immer so üppig. Die Gegend von Kaisersbach und Gschwend erlangte im 16. Jahrhundert große Bedeutung bei der Glasherstellung. Die dafür erforderliche Holzkohlegewinnung ging deutlich zu Lasten des Waldes. Die einst zusammenhängende Urwaldregion lichtete sich allerdings schon während der Karolingerzeit durch verstärkte Rodung zugunsten einer großflächigen und unbesonnenen landwirtschaftlichen Nutzung. Aber auch der Brennholzbedarf schlug große Löcher in das Waldkleid. Etwa im 12. und 13. Jahrhundert machte die Waldausdehnung nur noch rund

die Hälfte der heutigen Fläche aus. Nachdem vor allem wegen der ertragsarmen Böden viele Siedlungen im Inneren des Schwäbisch-Fränkischen Waldes wieder aufgegeben wurden, konnte sich das Waldesgrün erneut ausbreiten.

Hinter dem Weiler Brandhöfe müssen wir die köstliche Erfrischung auf der mit einem Radsymbol bezeichneten Gschwender Route in Form einer recht schweißtreibenden Steigung auch gleich wieder büßen. Nach der Abfahrt durch den Damerswald stoßen wir auf eine querlaufende Kreisstraße. Der Radwander-Wegweiser »Gaildorf« zeigt uns den weiteren Kurs. In **Horlachen** bleiben wir der Straße Richtung Kirchenkirnberg treu und kreuzen bald darauf die nach Murrhardt führende Landstraße. Die Landschaft öffnet sich wieder, aber nur für kurze Zeit.

Nach dem geschützten Tümpel von Eichenkirnberg endet bei einer Gabelung die Teerdecke. Man lässt sich einfach vom Radsymbol leiten und wird sogleich wieder vom Wald verschluckt. Auf der nun ansetzenden, neckisch schaukeligen Forstwegabfahrt kommt sich der Pedaleur fast wie auf einer Schiffsreise mit kräftigem Seegang vor. Im Talgrund glätten sich die »Wogen« wieder, und wir rollen am Glattenzainbach bergab nach **Fichtenberg.**

Das hübsche Dorf nimmt eine für den Naturpark beispielhafte Lage ein. Mehrere Täler führen hier zusammen. Waldeshöhen scharen sich beiderseits des Rotflüßchens um das Häusermeer. Feldgehölze und Heckenreihen, Streuobstwiesen und Auwaldstreifen gliedern das freundliche Landschaftsbild. Berge von gelagerten Holzstämmen dampfen unter den zischenden Besprengungsanlagen und erzählen vom Waldreichtum der Umgebung.

Unterwegs im Tal der Rot

Wir schwenken links in die Hauptstraße ein und stoßen am Ortsende auf die Radwander-Beschilderung Richtung Oberrot. Die flache Speichenroute neben der Landstraße durch das Wiesental der Rot ist auch als Limpurg-Tour gekennzeichnet. In **Hausen** weist uns das Radwanderschild über die Flussbrücke. Ein Wirtschaftssträßchen leitet durch das Industriegebiet von **Oberrot.**

Entlang der Rot auf den geheimnisvollen Flinsberg

Am Ortsende lässt uns die anhaltend spürbare Kehre mit herrlichem Talrückblick auf der kaum befahrenen Kreisstraße an einem Waldschopf entlang nach **Ebersberg** wieder mal stärker in die Pedale treten. Kurz nach dem hochgelegenen Weiler rubbeln die Pneus rechts auf einen mit rotem Kreuz markierten Wirtschaftsweg. Nach dem Kreuzen eines Quersträßchens lassen wir unsere Speichentransporter zurück und spazieren auf einem Wanderpfad kurz hinauf zum 535 m hohen Flinsberg, auch Flehnsberg genannt.

Sogleich fällt auf: Zwischen licht stehenden Kiefern, Fichten und Bu-

chen liegen überall kleine Felsbrocken verstreut. Eine helle, überaus harte und teils bemooste Gesteinsart, die sonst in dieser Gegend nirgendwo vorkommt. Wo stammen diese geheimnisvollen Blöcke her? Der Flinsberg ist überwiegend aus den Oberen Stubensandsteinschichten aufgebaut, die ringsum bereits vollständig abgetragen sind. Das Quarzitgestein mag den Berg vor einer vorzeitigen Erosion bewahrt haben. Geologen nehmen an, dass das schwer lösliche Silikat schon während der Sandsteinablagerung in Form kieselsäurereicher Schollen existierte, aus denen der weichere Gesteinsanteil später herausgewittert ist. In kleineren Mengen baute man dieses Gestein einst zur Verwendung für Vorderlader-Zündschlösser ab. Die Bezeichnung Flins, die dem Berg seinen Namen gegeben hat, bedeutet nichts anderes als Feuerstein (Flint).

Wieder faul im Sattel Platz nehmend, steuern wir auf dem Quersträßchen in Richtung Fornsbach.

Die Route mündet beim Weiher des Anwesens Ziegelhütte in die nach Murrhardt führende Straße. Gemütlich kutschieren wir durch Flecken des Murrhardter Waldes und über **Wolfenbrück** nach Karnsberg. An einer Limessäule sollte man die elegante Abfahrt zurück nach **Murrhardt** für einen lohnenden Abstecher unterbrechen. Ein geteerter Wirtschaftsweg bringt uns oberhalb einer jungen Streuobstwiese zu einer Bienenzucht. Dort ist es zu Fuß nicht mehr weit auf dem mit rotem Balken bezeichneten Waldweg bergauf zum Überrest eines römischen Wachturms. Von diesen einstigen Grenzwall-Stationen gibt es im Naturpark noch einige zu sehen.

Tourensteckbrief

Murrhardt – Unterneustetten (9 km) – Kaisersbach (5 km) – Horlachen (7 km) – Fichtenberg (6 km) – Hausen (3 km) – Oberrot (2 km) – Ebersberg (2 km) – Wolfenbrück (3 km) – Murrhardt (7 km).

Ausgangsort: Murrhardt im Naturpark »Schwäbisch-Fränkischer Wald«, Bahnhof (291 m). Zugverbindung von Stuttgart.

Routenlänge: 44 Kilometer.

Fahrzeit: 4 Stunden, zusätzliche Fußabstecher $^1/_2$ Stunde.

Höhenunterschied: 550 Meter.

Straßen und Wege: Meist gut beschilderte Rad-, Forst- und Wirtschaftswege wechseln mit wenig befahrenen Gemeinde- und Kreisstraßen. Mehrere, teils kräftige und anhaltende Steigungen.

Für Kinder geeignet: Nein.

Auch als Wanderung zu empfehlen: Nein.

Karte: Wanderkarte des Landesvermessungsamtes Baden-Württemberg, Blatt 28 »Naturpark Schwäbisch-Fränkischer Wald«, Maßstab 1 : 50 000.

Schelmenklinge und Schillergrotte

Spannendes Bergland überm Remstal

Im Remstal-Städtchen Lorch, am Südrand des Naturparks Schwäbisch-Fränkischer Wald, treffen vier Hauptwanderwege des Schwäbischen Albvereins sowie der Rems-Wanderweg zusammen. Einem davon, dem vom Südschwarzwald über die Höhen des Schurwalds kommenden und weiter bis zum Taubergrund führenden »Dreier«, wollen wir ein Stück nachspüren.

Der insgesamt 540 Kilometer lange Fernweg erschließt nach einem Besuch des Klosters die einzigartigen Wasserspiele der Schelmenklinge und hinter dem hochgelegenen Weiler Bruck die aus dem verschwiegenen Mühlbachtal emporsteigende Waldklinge mit der Schillergrotte. Die mittelschwere Tour über das weitgehend unbesiedelte, reich bewaldete Bergland des Welzheimer Waldes bewegt sich nahezu komplett innerhalb des Naturparks.

Wo die Gebeine der Staufer ruhen

Vom **Lorch**er Bahnhof geht man auf einem Fußgängerweg an einem nahe gelegenen Restaurant vorbei und über die Bahnbrücke und durch die Unterführung der Kreisstraße

zum Gasthaus Gipfel. Dort quert der Wanderer die nach Pfahlbronn führende Landstraße und folgt, bereits innerhalb des Naturparks Schwäbisch-Fränkischer Wald, einem Wald- weg hinauf zum **Kloster Lorch** mit seiner 500 Meter langen Umfassungsmauer und schönen alten Fachwerkgebäuden.

Das ehemalige Benediktinerkloster, gestiftet vom Stauferherzog Friedrich von Schwaben, ging 1102 aus einer Burg hervor und wurde schon bald als Grablege der Hohenstaufen bestimmt. Hier ruhen also die ehrwürdigen Gebeine der staufischen Herrscher, zumindest mancher. Der Bauernkrieg zerstörte die Hälfte der Bauten. Die schlichte romanische Pfeiler-Basilika mit gotischem Chor blieb jedoch weitgehend erhalten. In der Anlage befin-

Die Felswildnis der Schelmenklinge nahe Bruck

det sich heute neben einem Alten- und Pflegeheim auch das Heimatmuseum.

Gleich nebenan deutet eine Limessäule mit der Rekonstruktion eines römischen Wachturms den Richtungsknick der uralten Grenzlinie an. Der obergermanische Limes bildete die äußere befestigte Anlage des römischen Imperiums gegen Germanien. Die Besteigung des Holzturms bietet einen reizvollen Ausblick, unter anderem übers Remstal zum Rechberg im Osten.

Zauberreich der Mächler

Nochmals queren wir die Landstraße und begeben uns auf den Main-Neckar-Rhein-Weg, der hier iden-

tisch ist mit dem Limes-Wanderweg »HW 6«. Nach einem kurzen Waldwegstück geht's auf der Straße Richtung Schelmenklinge bergan zur Gaststätte Echo und weiter auf dem Hollenhofweg. Der Forstweg passiert eine auffällig geformte Eiche mit witzig geschlitztem Stamm. Wo sich die beiden Wanderrouten teilen, halten wir weiter den Kurs zur Schelmenklinge.

In einem mit Kiefern durchsetzten Mischwald spaziert man sanft bergab und folgt ein Stück der stillen Talsohle des Götzenbachs. Bald weist die gewohnte Beschilderung auf einen unmerklich ansteigenden Wanderweg, der in das Seitental der Schelmenklinge abzweigt. Ein verspielter kleiner Bachlauf begleitet

Erholsame Wiesenlichtung am Südrand des Naturparks

die nur wenig ausgeprägte Klinge. Über Sandstein- und Mergelstufen rieseln kleine, mitunter künstlich angelegte Wasserfälle.

Doch nicht nur das Naturdenkmal an sich beschäftigt hier das Auge. Da war wohl ein paar einfallsreichen Mächlern die Klinge zu wenig schelmisch. Kinder werden angesichts der teils akustisch schon von weitem auf sich aufmerksam machenden, raffinierten Spielereien den Mund von einem Ohr zum andern aufreißen. Man kommt wirklich aus dem Staunen nicht mehr heraus. Eifrig plätschernde Wasserräder, einen eigenwilligen Tennisball-Aufzug, eine Bauernhof-Tiersammlung, Glockenspiele und Hammerwerke, einen unersättlichen Angler, hübsche

Mühlen und alle möglichen anderen Raritäten gibt es hier. Der Traum leidenschaftlicher Biertrinker: In einer Waldschenke werden schaumgekrönte Maßkrüge sogar automatisch zum Trunk angehoben. Alles en miniature.

Wer die fröhliche Klangkulisse aufmerksam studiert, erfährt so einiges über die frühere Ausnutzung der natürlichen Wasserkraft in dieser Gegend. Möchte man die Erhaltung der in rühriger Kleinarbeit von geschickten Rentnerhänden gezauberten Wunderwerke unterstützen, so kann man dafür in einem eigens eingerichteten Spendenkässlein seinen Obolus entrichten.

Ab einer Auskolkung mit Wasserfall bringt uns eine steile Treppenan-

Ab dem Weiler Brucker Sägmühle findet man einen verkehrsfreien Asphaltkurs vor.

lage ein wenig ins Schwitzen. Nun öffnet sich die wüste Felskulisse des oberen Klingenabschnitts. Im Laufe der Zeit hat hier ein bescheidener Bachlauf einen ansehnlichen Felsspalt durchgefressen. Nach dem Klingenausstieg kreuzt der »HW 3« auf dem Höhenzug Staffelgehrn die bekannte Landstraße und führt in Kürze zum Weiler **Bruck.**

In urigen Felsengrotten

Am Ortsende gewinnt man auf dem geteerten Wirtschaftsweg parallel zur anderen Straßenseite eine weite

Aussicht über die Waldeshöhen zum Albtrauf. Bei einem Parkplatz wird ein letztes Mal die Straße gequert. Der Wanderwegweiser »Schillergrotte« dirigiert auf einen fallenden Feldweg, der wenig später im Wald in einen Pfad wechselt.

Wo uns der Kurs in eine weitere Klinge entführt, beachten wir das rote Hufeisen. Der kurze Abstieg erfordert an abschüssigen Passagen ein aufmerksames Gehen. Wir kommen zur harmonisch ausgeformten, düster-feuchten **Schillergrotte,** die die wilde, mit mächtigen Felsblöcken gefüllte Klinge nach obenhin sozusagen wie ein Hufeisen begrenzt. Der Grottenname bezieht sich auf den Dichter Friedrich Schiller, der einen Teil seiner Kindheit in Lorch verbrachte. Auf der anderen Seite der Waldkerbe gelangt man zu einer benachbarten Felsengrotte mit einem beeindruckend ausladenden und an der Kante eingesägten Sandsteindach, über das ein winziges Bächlein niederstürzt.

Nach dem begeisternden Rundkurs folgen wir weiterhin dem Wurzelpfad des Hauptwanderwegs, der in einen talwärts führenden Forstweg mündet. Erst nach der Brücke über den Mühlbach schwenken wir auf den Wanderweg »6« ab. Würde man der erneut steigenden Fernroute noch eine Weile folgen, käme man zum Naturdenkmal Hohler Stein. Das weit geöffnete Gewölbe findet sich in einer wenig ausgeprägten Klinge, nicht weit von der Einöde Schölleshof entfernt.

Der letzte Tourenabschnitt wartet mit einem reinen Erholungs-Spaziergang auf. Vom einsamen Weiler **Brucker Sägmühle** bummeln wir auf einem verkehrsfreien Sträßchen über kleine Lichtungen mit Auwaldflecken am schlängelnden Schweizerbach entlang. Nach einem mit Seerosen geschmückten, geschützten Tümpel passiert man nochmals einen Limesstein und trifft im Lorcher Ortsteil Wachthaus ein, wo sich endlich eine Einkehrmöglichkeit ergibt. Hier erst verlässt man den Naturpark, wechselt die Seite der Kreisstraße und nimmt die alte Bahnunterführung. Hinter der Remsbrücke, nach dem Anwesen Reichenhof, schleicht der Radweg zurück nach **Lorch.**

Die Rems bei der Einöde Reichenhof

Tourensteckbrief

Lorch (288 m) – Kloster Lorch (330 m) – Bruck (460 m) – Schillergrotte (400 m) – Brucker Sägmühle (310 m) – Wachthaus (295 m) – Lorch (288 m).

Ausgangsort: Lorch im Remstal, Bahnhof (288 m), Zugverbindung von Stuttgart.

Routenlänge: 15 Kilometer.

Gehzeit: 4 Stunden.

Höhenunterschied: 200 Meter.

Wege: Gut bezeichnete Forst- und Wirtschaftswege, Pfade und verkehrsfreie Sträßchen. Kurze, teils steile Anstiege. Bei Nässe besondere Achtsamkeit erforderlich.

Für Kinder geeignet: Ja.

Auch als Radtour zu empfehlen: Nein.

Einkehrmöglichkeit: In Wachthaus.

Karte: Wanderkarte des Landesvermessungsamtes Baden-Württemberg, Blatt 28 »Naturpark Schwäbisch-Fränkischer Wald«, Maßstab 1 : 50 000.

Über die Ellwanger Berge

*Einsame Wälder
und Seen zwischen Jagst und Bühler*

Fährt man von Stuttgart über Waiblingen in den Schwäbisch-Fränkischen Wald, so schwingt sich nach Überqueren der Limpurger Berge ins Bühlertal zwischen Ellwangen und Vellberg eine letzte Stufe der Keuperwaldberge in die Höhe. Es sind die ein Stück vom Albvorland abgerückten, östlich bis ins Jagsttal reichenden Ellwanger Berge. Jenseits der Jagst beginnt bereits die überwiegend bayerische Frankenhöhe.

Die viel versprechende Bezeichnung Berge verdienen die in Wirklichkeit eher sanften Waldeshöhen kaum, entwachsen sie doch den umgebenden Tälern lediglich um bescheidene hundert Meter. Die zwei höchsten Punkte – Gipfel wäre zu viel gesagt – bringen es gerade mal jeder auf 569 m Meereshöhe. Der eine ist der Schönberg bei Hütten, eine aussichtslose Kuppe ohne jegliches touristische Interesse. Den anderen schmückt die weithin sichtbare Hohenberger Kirche, das Ziel unseres heutigen Radausflugs.

Die harmoniereiche Fahrt durch schlummernde Bachtäler, über sonniges Hochland mit prächtigen Ausblicken und entlang skandinavisch anmutender Waldseen fällt zwar nur in die Kategorie mittelschwer, kann jedoch bei echten winterlichen Verhältnissen durchaus in Arbeit und Abenteuer ausarten. Am besten man nützt milde Schönwetterperioden, die ja ohnehin immer mehr zum Charakteristikum unserer Winter werden. So lässt sich auf den ausgestorbenen Forstrouten die schweißtreibende Spurarbeit beziehungsweise ein eisiger Eiertanz vermeiden.

Die Stadt der Kirchen

Der historische Stadtkern von **Ellwangen,** von dem schon Theodor Heuss schwärmte, ist eine Gründung von Mönchen aus Langres in Burgund. Noch heute kann man den typischen Grundriss einer Klosterstadt deutlich erkennen, ein von der Basilika auf dem hübschen, geräumigen Marktplatz ausgehendes, sternförmiges Straßennetz. Die dreitürmige Katholische Pfarrkirche Sankt Veit mit zehnsäuliger Krypta war ursprünglich Benediktinerkloster, später Stiftskirche und gilt als der größte romanische Gewölbebau Württembergs. Sie ist bereits das dritte Gebäude an dieser Stelle. Hoch über der Jagststadt zieht das Schloss ob Ellwangen der städtischen Fürstpröpste den Blick des Besuchers auf sich. Der Arkadenhof des Renaissance-Schlosses, in dem heute unter anderem ein Museum untergebracht ist, verfügt über drei Stockwerke. Die einstige Burg aus der Stauferzeit geht auf das Ende des 12. Jahrhunderts zurück und wurde 1608 zum vierflügeligen Schloss mit Eckturmaufsätzen ausgebaut sowie nach 1720 im barocken Stil erweitert. Der vormals wehrhafte Charakter ging deshalb leider etwas verloren. Im Sommer finden Schlossfestspiele und Schlosskonzerte statt.

Bedeutung haben neben so manch ehrwürdigem Haus auch die mächtige Giebelfront der mit Sankt Veit im wahrsten Sinne des Wortes unzertrennlich verschwisterten, barocken Jesuitenkirche von 1729, außerdem die spätgotische Wolfgangskirche, das Stiftsrathaus und der Wehrturm mit Zeug- und Waffenkammer. Nicht zu vergessen die

Kreuz an der Abfahrt nach Rosenberg

auf einem Vorsprung des Schönenbergs grüßende Doppelturmfassade der Wallfahrtskirche. Das von Christian und Michael Thumb erbaute Gotteshaus besticht durch einen mächtigen Hochaltar und schließt die ältere Lorettokapelle ein.

Auf den höchsten »Gipfel«

Die Radtour beginnt am Bahnhof Richtung Innenstadt. Das rote Markierungskreuz weist durch die Bahnunterführung. Wir queren anschließend die nach Aalen führende Bun-

Die Katholische Ellwanger Pfarrkirche Sankt Veit

desstraße und strampeln uns auf der verkehrsarmen Strecke über den Ortsteil Rotenbach und mit mäßiger Steigung nach **Schrezheim** erst mal warm. Auf weiterhin angenehm ruhiger Fahrt überwinden wir eine Waldkuppe und lassen die Drahtesel hinunter nach Espachweiler surren.

Die Abzweigung gleich am Ortsanfang Richtung Hinterlengenberg leitet einen recht individuellen Tourenabschnitt ein, vor allem im Winter. Nach dem lang gezogenen, idyllischen **Espachweiher** rubbeln die Reifen am Damm des Sägweihers geradeaus auf einen höchstens noch von Spaziergängern und Forstautos benützten Fahrweg, der vom Frankenbach begleitet wird.

Der herrliche Schleichwegkurs durch das mit Fichten bestockte Tal wird zur kalten Jahreszeit von den Sonnenstrahlen nicht gerade verwöhnt. Da kann sich die weiße Pracht oder eine stellenweise davon übrig gebliebene Eisbahn schon mal länger halten. Doch mittels griffiger Stollenwalzen und einem geduldigen Gemüt fällt die möglicherweise anstehende Spurarbeit nicht allzu schwer. Immer der Nase nach radelnd, steigt der Weg hinauf in die Ellwanger Berge zudem angenehmerweise nur unmerklich. In einem Unterstand kann man sich bei windigem Wetter am originellen Strunktisch etwas aufwärmen und einen Kaloriennachschub einlegen.

Nach dem langen Einsamkeits-trip schwenken wir links in die Land-straße Ellwangen-Adelmannsfelden ein, ohne dabei zu vergessen, dass es auf dieser Welt auch noch Autos gibt. Schon nach kurzem rollen un-sere Speichentransporter auf die Kreisstraße nach **Hinterbrand.** Erst in Zumholz entlässt uns der Wald. In **Hohenberg** dirigiert uns der Weg-weiser »St. Jakobus-Kirche« auf ei-nen Kreuzweg. Die knackige Stei-gung hinauf zur katholischen Pfarr-kirche auf dem 569 m hohen Aus-sichtsberg ist nur mit einem Moun-tainbike zu überlisten, obwohl es sich bei dem Andachtsweg um eine breite Straße handelt. Aber die paar hundert Meter sind schließlich auch locker zu schieben.

Chor, Querschiff und das Portal am nördlichen Seitenschiff der kreuzförmigen Basilika entspringen noch der romanischen Bauzeit. Die Besiedlung des Dorfes erfolgte um die Mitte des 12. Jahrhunderts vom Kloster Ellwangen aus. 1229 wird ei-ne »Probstei auf dem Hohenberg« genannt. Die Kirche ist Station des Pilgerweges von Würzburg nach Konstanz und weiter nach Santiago.

Der »Hauptgipfel« der Ellwanger Berge prägt sich trotz seiner be-scheidenen Höhe als vortrefflicher Fast-Rundblick ein: im Norden die schier endlose Hohenloher Ebene, im Südosten das Ellwanger Schloss, im Süden der Albtrauf und dazwi-schen immer wieder Waldwellen, schwarzgrüne Teppiche in nah und fern. Was mag das hier oben erst im

Mai für ein Gefühl sein, sich kurz-ärmlig faul an den blühenden Wie-sensaum zu lümmeln und in aller Seelenruhe das »Rucksack-Menü« zu verspeisen!

Hinter der Kirche, bei einem klei-nen Skilift, schieben wir ganz kurz auf einem Wanderweg an einer hüb-schen Wacholderreihe entlang, hin-unter zur beschilderten großen Grot-te. Nebenan befindet sich ein Gold-fischteich. Durchs Tuffsteingemäuer plätschert in amüsanter Manier ein kleines Quellbächlein. Ein stiller Ort zum nochmaligen Verweilen, we-nigstens ein paar Minuten, bis die Kälte die Hosenbeine hochsteigt.

Auf der mit rotem Balken bezeich-neten Hauptwanderroute 4, dem Main-Donau-Bodensee-Weg, kön-nen wir wieder aufsitzen. Der, wie schon der Pilgerweg, von Würzburg kommende Fernwanderkurs verbin-

Wälder wie in Schweden: Am verschwiegenen Orrotsee entlang führt die entspannende Fahrt gegen Abend zurück ins Jagsttal.

det bedeutende mittelalterliche Städte und führt im Ostteil der Ellwanger Berge durchs Tal des Rotenbachs hinunter nach Ellwangen und über Aalen weiter nach Heidenheim und Ulm. Unser gerade verlaufender Abschnitt hinunter nach **Rosenberg,** auch als Alter Kirchweg bekannt, zeigt sich erst als Feld-, später durch Mischgehölze als Forstweg.

Wir nehmen rechts die Karl-Stirner-Straße und halten uns Richtung Ellwangen. Nach einer beschwingten Radwegabfahrt neben der Landstraße entschwinden wir hinter dem Weiler Ohrmühle links wieder auf einen Forstweg. Doch die Ruhe ist trügerisch. Wie in einem bösen Märchen taucht blitzartig die riesige Naturfaser-Fabrik Holzmühle auf und

setzt schmerzhaft einen großstädtischen Akzent in die ringsum unverfälschte Kulturlandschaft. Vorbei das erholsame Wipfelrauschen. Knausrig ist man hier nicht vorgegangen, auch wenn der benachbarte Weiler den mehr als sparsamen Namen Unterknausen trägt. Der vom kleinen Glasbach künstlich aufgestaute Weiher wirkt, als wollte man für den abgerungenen Waldesgrund einen kleinen Ausgleich an Naturfläche schaffen, wie eine Entschuldigung.

Wir queren die Kreisstraße von Hohenberg und sausen auf dem Waldsträßchen Richtung Orrotsee talwärts zum Rastplatz an der Glasbachbrücke mit Grillstelle. Erneut gleiten die Tretmaschinen auf eine Forstfahrbahn, die mit Juhe-Tour beschilderte Radwanderroute. Ein Baumlehrpfad bereichert das köstlich verschwiegene Dahinrollen am schlanken, durch einen Damm zweigeteilten Orrotsee entlang. Der Landschaftscharakter versetzt einen in die tiefen schwedischen Wälder. Wer hier auf den Geschmack gekommen ist, der sollte am verträumten Seeufer eine kleine Pause einlegen und einen Kartenblick auf die Gegend östlich der Jagst richten. Die nur von Fahrwegen tangierten blauen Finger locken unbedingt zu einer Wiederkehr: der Fischbachsee, der Kressbachsee, Muckenweiher, Haselbachsee, Stausee Häslen und Stausee Rötlen, der Sonnenbachsee … Land der Seen, Land der Wälder.

Vom Ende des Gewässers rauschen die Räder auf verkehrsfreier Bahn talauswärts. Im Schweighausener Ortsteil Rennecker Mühle verleitet ein Damwildgehege zu einer weiteren Tourenunterbrechung. Dann steuern wir in **Schweighausen,** nicht weit von Jagstzell entfernt, über die Jagstbrücke und auf den ausgezeichnet beschilderten Kocher-Jagst-Radweg, einen Abschnitt des von Rothenburg ob der Tauber an die Donau führenden Hohenlohe-Ostalb-Weges. Auf kaum befahrenen Sträßchen und Wirtschaftswegen genießen wir die letzte Etappe durch das Flusstal, über die Weiler Kalkhöfe und Schönau zurück nach **Ellwangen.**

Tourensteckbrief

Ellwangen – Schrezheim (3 km) – Espachweiler (2 km) – Hinterbrand (7 km) – Hohenberg (3 km) – Rosenberg (3 km) – Schweighausen (8 km) – Ellwangen (7 km).

Ausgangsort: Ellwangen an der Jagst, Bahnhof (439 m). Zugverbindung von Stuttgart.

Routenlänge: 33 Kilometer.

Fahrzeit: 3 Stunden.

Höhenunterschied: 190 Meter.

Straßen und Wege: Überwiegend gut beschilderte Nebenstraßen, Forst- und Wirtschaftswege. Bis auf einen Steilaufschwung nur mäßige Steigungen, kurzes Schiebestück auf Wanderweg. Nach Neuschnee nicht zu empfehlen, bei niedrigen Temperaturen evtl. vereiste Fahrbahnen. Im Winter Mountainbike angenehm.

Für Kinder geeignet: Ja.

Auch als Wanderung zu empfehlen: Nein.

Karte: Wanderkarte des Landesvermessungsamtes Baden-Württemberg, Blatt 13 »Ellwangen – Aalen«, Maßstab 1 : 50 000.

Durchs Remstal auf den Sörenberg

Waiblinger Talauen und Wengert

Waiblingen im unteren Remstal, ein paar Autominuten nur in nordöstlicher Richtung von Stuttgart entfernt, hatte bereits als karolingische Kaiserpfalz Bedeutung. Der ursprünglich von den Saliern verwendete Beiname »von Waiblingen« wurde später auf die alte Stauferstadt übertragen. Historische Bauwerke wie Stadttürme, überdachte Wehrgänge und Kirchen – oder zumindest deren Fundamente – erinnern noch an bewegte Zeiten. Heute ist die im Dreißigjährigen Krieg arg in Mitleidenschaft gezogene Stadt im wirtschaftlich leistungsstarken Rems-Murr-Kreis auch wegen ihrer vielfältigen kulturellen und gesellschaftlichen Veranstaltungen ein Begriff.

Hauptattraktion ist das alljährlich Ende Juni stattfindende und weithin bekannte Altstadtfest mit einem breit gefächerten Kleinkunst-Programm. Das besondere Ereignis im November ist der Martinimarkt.

Ein Charakteristikum Waiblingens stellt die unmittelbare Nachbarschaft des hypermodern gestalteten Marktdreiecks und des hinter dem Alten Rathaus anschließenden autofreien Marktplatzes dar. Raffi-

nierte High-tech-Architektur und nostalgisches Gemäuer aufs engste verschwistert. Am Marktplatz steht der ehemalige Fruchtkasten der geistlichen Verwaltung. Dem gelun-

So genannte »Neidköpfe« an Häusern der Waiblinger Altstadt

gen gestalteten Pseudo-Quader-
haus sieht man erst auf den zweiten
Blick an, dass die behauenen Qua-
dersteine aus Ersparnisgründen nur
aufgemalt wurden. Ein kleiner
Rundgang durch die Innenstadt
wird durch die vom Waiblinger Hei-
matverein an bedeutenden Fassa-
den angebrachten Informationsta-
feln bereichert. Die typischen Neidköpfe und schöne Eingangstüren
zieren manche der alten Gebäude.
Fachwerkschmuck in Braun und
Grau, Rot und Blau, Grün und Gelb
bringt Leben in die Häusergruppen.

Der informative Stadtbummel
lässt sich vortrefflich mit einem erholsamen Remstalspaziergang und
dem Besuch des zwischen Hirschlauf und Korb aufragenden, kegel-
förmigen Sörenbergs verknüpfen.
Selbst im Winter bereitet diese Unternehmung gewöhnlich keinerlei
Probleme, zählt doch die Waiblinger
Markung zum drittwärmsten Gebiet
Deutschlands nach dem Oberrhein-
graben und der Insel Mainau.

Startet man am Waiblinger
Bahnhof auf dem Gehweg Richtung
Ludwigsburg, zeigt bei einer Bahn-

Das moderne »Marktdreieck«

unterführung der Wanderwegweiser »Beinsteiner Tor« den spärlich
mit rotem Hufeisen markierten weiteren Kurs auf dem Gehsteig der
Fronackerstraße und deren Ein-
bahnstraßen-Verlängerung. In der

Waiblingen glänzt mit reizvollen Winkeln: ein Blick zur Nikolauskirche.

Altstadt wählt man den Bürgermühlenweg mit Stadtmauerdurchgang zur Hahnschen Mühle, wo sich im Kanal noch immer das betagte Mühlrad dreht. Hier kann man ein von den Stadtwerken zu neuem Leben erwecktes Flusskraftwerk bewundern. Überragt wird das nur durch eine Glaswand vor der Außenwelt geschützte Schaustück von der hübschen, grünen Turmspitze der Nikolauskirche. Ganz in der Nähe stehen auch die sehenswerte, spätgotische Michaelskirche und das Nonnenkirchle mit seinem kunstvollen Deckengewölbe.

Wir folgen dem Spazierweg Richtung Beinsteiner Tor und Historische Altstadt. Eine Holzbrücke trägt uns über den künstlichen Flussarm. An-schließend geht's durchs Bädertörlein. Dort standen einstmals die mittelalterlichen Badehäuser. Enge Gassen leiten zum Beinsteiner Torturm an der gepflasterten Remsbrücke, dem tiefsten Punkt der Altstadt. Auch in dieser Ecke trifft man wieder auf wuchtige Befestigungsmauern. Aus dem Beinsteiner Torturm flüchtete im Jahre 1561 der gefangene Wiedertäufer Bernhard Löplin, nachdem er einen Stein aus dem Verlies gelöst hatte. Im Adamskostüm vertraute er sich mutig der Rems an. Im heimeligen Winkel der alten Wengerter- Häusle, der früheren Heimstätten der Weingärtner, kommen wir zum Städtischen Museum, einem gelungen sanierten Vorzeigebauwerk mit beachtenswerter Fachwerkfront. Bevor das Museum hier einzog, diente das älteste Waiblinger Haus als Dekanat. Heute präsentiert es unter anderem Funde aus der Töpferei eines römischen Gutshofes.

Naherholungsgebiet Remstal

Flussabwärts wechseln sich nun mit rotem Kreuz bezeichnete Gehwege und uferbegleitende Wanderwege ab. Im weiteren Verlauf gliedern ein Auwaldstreifen und Schrebergärten mit hübschen Hanglagen das naturnahe Flusstal. Wir bleiben einem Anliegersträßchen treu, bis uns das Markierungskreuz über die Straßenbrücke Richtung Neustadt und anschließend auf den nach Hohenacker führenden Radwanderweg lenkt.

Weite Zwangsmäander mit mächtigen Prallhängen legen fortan den Werdegang der Rems auf dem letzten Abschnitt vor der Mündung in den Neckar fest. Bereits auf der Höhe von Hirschlauf bringen es die Talflanken auf stattliche fünfzig Meter Höhe. Unter alten Weinbergen bummeln wir auf einem Wirtschaftssträßchen durch ein Naturschutzgebiet mit dem vom Waiblinger Saliergymnasium eingerichteten Wildbienenwald. Die Schutzzone mit ihrer beachtlichen Längenausdehnung setzt sich flussabwärts bis Neckarrems fort und beherbergt bedrohte Flora und Fauna. An den sonnenverwöhnten Steilhängen finden sich bedeutende Halbtrockenrasen mit Heidevegetation.

Feuchtbiotop an der Rems

Wir schreiten unter einer hohen Bahnbrücke hindurch und achten auf die Wanderbeschilderung »Sörenberg«. Ein Fahrweg steigt kurz bergan und leitet später wieder gemütlich ohne Markierung an der nach Winnenden führenden Bahnlinie entlang zum **Bahnhof Neustadt-Hohenacker.** Wer nach dem Besuch des Sörenbergs nicht den weiten Bogen über Korb einschlagen will, hat die Möglichkeit, von hier aus mit der S-Bahn zurück nach Waiblingen zu fahren. Man kann im Übrigen auch gleich nach der Remstalsteigung der direkt nach Hirsch-

Naturdenkmal Sörenberg

nach Waiblingen beschilderten Radweg und schlagen wenig später an einem Kasten der Wasserversorgung die rechte Abzweigung zum Naturdenkmal und Aussichtspunkt **Sörenberg** mit großer Feuerstelle ein.

Die Bergkuppe stellt inmitten des Zivilisationsgedränges eine phantastische kleine Naturinsel dar. Linden und Espen, Robinien und Schlehen stricken eine engmaschige Gehölzkuppe, auf der die Nachtigall ihr Nest baut. Die Ausschau ist überraschend umfassend. Übers Waiblinger Häusermeer erhebt sich der Blick bis hinüber nach Stuttgart, und weit hinter der Remstalbucht sind sogar noch die lang gezogenen Waldwellen des Schurwaldes erkennbar.

Direkt unter uns dehnt sich, in deutlichem Gegensatz zu dem naturnahen Bergschopf, Wengert-Geometrie aus. Die Südhänge des Sörenbergs bilden die größte zusammenhängende Rebfläche Waiblingens. Im Ortsteil Beinstein geht der urkundlich belegte Rebenanbau bis auf das Jahr 1086 zurück.

Beim Bau des Wasserhochbehälters im Jahre 1966 zeigte sich deutlich, wieso der Sörenberg vor der abtragenden Erosion bewahrt wurde und heute noch als markante Insel über seine verflachte Umgebung herausragt. In der Baugrube entdeckte man, dass ansehnliche, widerstandsfähige Stubensandsteinblöcke unmittelbar und ohne feste Verbindung den weicheren, merge-

lauf abzweigenden Wanderroute folgen. Beide Wege stoßen vor dem Sörenberg wieder zusammen.

Wir nehmen nach dem Bahnhof die Kreisstraßenbrücke, schwenken auf den Radweg Richtung Korb ein und entscheiden uns gleich darauf für den links abbiegenden, geteerten aber unbezeichneten Wirtschaftsweg. Dieser steigt sanft bergan, führt an einem Betriebsgelände vorbei und abwechselnd über Felder und Obstwiesen. Auf den Korber Kopf zuhaltend, öffnet sich die Landschaft. An einer Kreuzung begeben wir uns auf den

ligen Gipskeuper bedecken. Laut geologischen Erkenntnissen reichte die bis in eine Höhe von über 500 Meter aufsteigende Keuperstufe mit dem Korber Kopf und der Buocher Höhe früher weiter nach Westen. So ist anzunehmen, dass vom Verband gelöste Sandsteinpakete auf den Sörenberg abgeglitten waren und diesen sozusagen über lange Zeit konserviert hatten. Sandstein verwendete man früher auch für den Bau von Weinbergmauern.

Talwärts benützen wir jetzt abermals den Korber Kopf als Richtungszeiger. Auf dem nach Korb beschilderten Radwanderweg, dem Alb-Neckar-Weg, spazieren wir über die B 14-Brücke und kreuzen auf dem auch mit »Schwäbische Weinstra-ße« ausgewiesenen Speichenkurs die Kreisstraße von Neustadt.

Nachdem wir **Korb** durchquert haben, wechseln wir in der Kurve nach dem Friedhof auf die mit rotem Kreuz markierte Waiblinger Radroute. Stille Wege leiten über Äcker weiter talwärts. Zuletzt geht's ein Stück an der Bundesstraße entlang nach **Beinstein.** Wer noch über Unternehmungsgeist verfügt, der sollte sich den flussaufwärts führenden Flusslehrpfad bei der Geheimen Mühle nicht entgehen lassen.

Auf Spazierwegen durch die Talauen entlang der Rems klingt unsere Wanderrunde aus. Kurz vor der Rückkehr nach **Waiblingen** bietet sich an einem Feuchtbiotop noch eine kleine Erholungspause an.

Tourensteckbrief

Waiblingen (280 m) – Bahnhof Neustadt-Hohenacker (270 m) – Sörenberg (369 m) – Korb (296 m) – Beinstein (226 m) – Waiblingen (280 m).

Ausgangsort: Waiblingen im Remstal, Bahnhof (280 m). S-Bahn von Stuttgart.

Routenlänge: 19 Kilometer.

Gehzeit: 5 Stunden.

Höhenunterschied: 200 Meter.

Wege: Überwiegend bezeichnete und fast durchwegs geteerte Wirtschafts- und Spazierwege. Nur kurze spürbare Steigungen. Auch im Winter in der Regel gut zu begehen.

Für Kinder geeignet: Nein.

Auch als Radtour zu empfehlen: Ja, auch mit Kindern.

Einkehrmöglichkeiten: In Korb.

Karte: Wanderkarte des Landesvermessungsamtes Baden-Württemberg, Blatt 14 »Stuttgart«, Maßstab 1 : 50 000.

Würmtal-Träumereien

Verkehrsfreie Rollbahnen
erschließen Stuttgarts westliches Umland

Am Nordrand des Heckengäus breitet sich ein Mosaik aus Wiesen, Kornfeldern und Wäldern aus. Das beruhigende Landschaftsbild ums überwiegend naturbelassene Tal der jungen Würm hält für Wanderer und Freizeitradler stille und leichte Wege parat, auf denen das Gemüt ganz gewiss nicht zu kurz kommt. Ausgeschilderte Radwanderrouten machen die Orientierung zum reinen Kinderspiel, und nur selten verlangt mal eine Steigung ein bisschen Volldampf.

Unsere ziemlich einsame Genießerrunde über Weil der Stadt und durch das liebenswerte Würmtal nach Aidlingen beinhaltet lediglich in den Ortsbereichen öffentliche Straßenabschnitte und eignet sich auch für größere, nicht ganz untrainierte Kinder. Die Rückfahrt wartet mit mehreren stimmungsvollen, alten Steinbrüchen auf, die fotogene Tourenunterbrechungen darbieten.

Gemütliches Städtchen an der Würm

Wir radeln vom **Renninger** Bahnhof an den Parkplätzen und am Bad vorbei und haben am Ende eines geteerten Fußwegs einen kleinen Treppenabstieg zu absolvieren. Nach der Bahnunterführung und der Querung der Umgehungsstraße lenkt uns der Radwegweiser »Malmsheim« auf ein Wirtschaftssträßchen. Kurz darauf zweigt man auf die Radroute Richtung Weil der Stadt ab.

Wir kreuzen vorsichtig die viel befahrene Kreisstraße nach Malmsheim und müssen hinauf zur Waldkuppe des Lerchenbergs sogleich unsere Kondition unter Beweis stellen. Der Rückblick ins fruchtbare Renninger Lößlehmbecken entschädigt für den unerwarteten Wadenschinder. Und erst die erfrischende Sausefahrt auf die Höhen über dem

Würmtal zu! Das höchst beglückende Spiel mit der Schwerkraft, abseits jeglichen Verkehrsgewühles über die ungestörte bäuerliche Flur, lässt die Schweißperlen schnell wieder verdunsten.

Schon rückt **Weil der Stadt** näher, das heute im Halbstundentakt der S-Bahn recht günstig an die Hauptstadt angeschlossen ist und auf eine vieltausendjährige Geschichte zurückblickt. Gleich am Ortseingang führt ein Weg hinauf zur Schanze auf dem Blammerberg, einem möglichen Zusatzziel für archäologisch interessierte Pedaleure. Dort stand einstmals auch ein römischer Gutshof. Nahe der beachtlichen Spitalanlage an der Würm rollen die Räder über die Flussbrücke und an schönen Hausfassaden und der gelungenen Figur des Narrenbrunnens vorbei in die historische Innenstadt.

Die Bürger Weil der Stadts können stolz auf ihren Marktplatz sein.

Eigentlich bräuchten wir uns auf dem Weg nach Schafhausen gar nicht in das bunte Treiben mischen. Aber an dem bereits von außen auffallenden, noch nicht gänzlich mit dem umgebenden Häusermeer verschmolzenen Kern der vormaligen Reichsstadt kommt man natürlich nicht so einfach vorbei. Dafür sorgt allein schon die teilweise bewahrte Stadtmauer mit ihren ehrwürdigen Türmen. Das vormalige Dorf Weil, ursprünglich Wile genannt, gehörte früher zum Kloster Hirsau.

Wenigstens am Marktplatz mit der blitzsauberen Rathausfront, dem Stadtmuseum und dem Keplerdenkmal sollte man für ein Weilchen aus dem Sitzleder steigen. Der Mathematiker und Astronom Johannes Kepler, Vater der Planetengesetze, ist jedem ein Begriff. Die gleich um die Ecke bestens in das Stadtbild integrierte, um 1500 umgebaute katholische Stadtpfarrkirche Sankt Petrus und Paulus mit den beiden romanischen Osttürmen aus dem 12. Jahrhundert deutet auf die mehrheitlich katholische Stadtbevölkerung hin.

Weitere Sehenswürdigkeiten ließen sich anhängen. Nur die wich-

tigsten sollen kurz genannt sein. Die erhaltenen beiden Kreuzgangflügel des ehemaligen Augustinereremitenklosters – es gibt auch noch ein Kapuzinerkloster – gehören zu den ältesten Gebäuden der gemütlichen Stadt an der Würm. Des Weiteren wären da die an den bedeutenden Reformator erinnernde Johannes-Brenz-Kirche und das Brenzhaus, das Narrenmuseum und der bereits erwähnte Spitalhof sowie die Lindenallee »Ostelsheimer Steige«. Erwähnenswert scheint auch noch das Naturschutzgebiet Merklinger Ried im Norden der Stadt. Ein Beobachtungsstand bei einem kleinen Moorsee gibt Auskunft über die spezielle Fauna dieses Feuchtgebietes. In der Stadt und um die Stadt entdeckt man überall stille Winkel zum Staunen und Träumen.

Zurück an der Flussbrücke orientieren wir uns am Radwegweiser Richtung Schafhausen. Die Würm entspringt in der Nordwestecke des Schönbuchs und mündet in Pforzheim in die Enz. Zwischen Weil der Stadt und Schafhausen beträgt das Gefälle des behäbig dahinströmenden, auf dieser Etappe begradigten Flüsschens lediglich wenige Meter. Ein Anliegersträßchen zieht sich durch das Tal, das beiderseits von harmonischen Waldeshöhen gesäumt wird. Die völlig flache Rollbahn erfreut uns mit einem bequemen und zudem stillen Pedalvergnügen. Der Landstraßenverkehr auf der anderen Talseite ist weit weg.

Mit Ruhepuls flussaufwärts

Wir erreichen den Stadtteil **Schafhausen** mit einer denkmalgeschützten Linde im Pfarrgarten. Der Käppelesberg am Ortseingang wurde wegen seiner Halbtrockenrasen mit Wacholderheide unter Schutz gestellt. Nach dem Wechseln der Talseite geht es am Fuße des Hacksbergs auf einer weiterhin für den öffentlichen Verkehr gesperrten und für Radfahrer ausgeschilderten Route nach Dätzingen. Dort münden der Altbach und die Schwippe in die Würm.

Im etwas abseits unseres Kurses gelegenen Schloss mit seinem klassizistischen Säulenvorbau und dem unter Naturschutz stehenden Schlossgarten finden Ausstellungen, Schlosskonzerte und Vorträge statt. Neben dem Heimatmuseum Grafenau beherbergt das anstelle einer Wasserburg erbaute Gebäude ein gewerbliches Kunst- und Antiquitätenzentrum.

Am Ausgang der mit Döffingen zur Gemeinde Grafenau zusammengeschlossenen Ortschaft wechseln wir abermals auf die Gegenseite der Würm. Man beachtet das Radtäfelchen und kann auf dem bequemen Forstweg, dem Schwarzwald-Schwäbische Alb-Allgäu-Weg (HW 5), fortwährend eine entspannte Haltung einnehmen. Der nun unkorrigierte Wasserlauf mit zahlreichen Biegungen und Schlingen wurde im ersten Abschnitt unter Schutz gestellt. Das Talgefälle bekommt man nach wie vor überhaupt nicht zu spüren. Da auch keinerlei Orientierungsprobleme auftauchen, kann man mal so richtig abschalten: Einfach der Nase nach. Naturbegeisterte werden sich auf Höhe des Würmtalhofs die kleine Wanderung zum Schutzgebiet am Venusberg sicher nicht entgehen lassen.

Die Renninger Petruskirche

Von einer Felsszenerie zur anderen

Von **Aidlingen** leitet uns ein anfangs fast schon unverschämt steigender, mit dem Radsymbol bezeichneter und geteerter Wirtschaftsweg zum Sindelfinger Stadtteil **Darmsheim.** Nach der anhaltenden Träumerei versetzt er unseren Kreislauf für eine Weile in wilden Aufruhr. Doch bald

schon summen die Reifen wieder ohne merklichen Pedaltritt mit erhöhter Frequenz vor sich hin.

Am Ortseingang ließe sich noch schnell der alte Wehrturm der nahen spätgotischen Dagersheimer Pfarrkirche eines Blickes würdigen. An der Einmündung in eine Vorfahrtsstraße nehmen wir die Alpenrosenstraße und deren Verlängerung, den Steinbruchweg. Anschließend scharf links abbiegend, gelangen wir zu nett gestalteten Grünanlagen mit einem

pe vom Radweg-weiser »Dagers-heim« die kaum nennenswerte Zu-gabe zu einem noch weitaus be-deutenderen ehe-maligen Stein-bruch mit einer ge-waltigen Felsssze-nerie und in der Tiefe schlummern-dem Feuchtbiotop zeigen. Eine Stim-mung fast wie in einem Wildwest-film.

Kurz zurück und auf einem Wirt-schaftssträßchen ein kleines Stück der ansteigenden Radroute Richtung Sindelfingen ge-folgt. Nach dem Queren der Land-straße sowie der Kreisstraße nach Maichingen treten wir, stets gerade-aus haltend, mä-ßig bergan über die weiten Getrei-deflächen und ge-

In den individuellen Darmsheimer Grünanlagen

ansprechenden Seebogen, abge-schlossen von der kleinen Felswand eines früheren Steinbruchs. Die idea-le Einladung zu einer Rast.

Nach der Abfahrt zur Kirche steuern wir in die Kirchgasse und lassen uns am Oberlauf der Schwip-

winnen dabei hübsche Ausblicke nach Sindelfingen.

Wo wir auf die Kreisstraße von Döffingen stoßen, empfiehlt sich ein weiterer Abstecher: kurz links und auf einem Feldweg abermals links zum dritten Steinbruchsee für heute. Wir fahren die Straße zurück und können den bolzengeraden Schleichwegkurs fortsetzen. Eine Zeit lang müssen wir jetzt ordentlich in die Pedale treten. Von der Anhöhe des Hohbergs bremst man kurz bergab, überquert die Landstraße Schafhausen–Magstadt und lenkt links auf einen holperigen Feldwegabschnitt.

Das im Weiteren mit der Radbeschilderung »Renningen« ausgewiesene Wirtschaftssträßchen führt am Ihinger Hof vorbei, in dem seit den frühen sechziger Jahren eine Versuchsanstalt der Universität Hohenheim eingerichtet ist. Auf den Versuchsfeldern des früheren Gutshofs

Abendstimmung überm Kornfeld beim Naturtheater

zieht man beispielsweise unterschiedliche Sorten von Golfrasen heran.

An der **Renninger** Petruskirche mit ihrem grünen Spitzturm, deren Ursprungsgebäude bis auf das 8. Jahrhundert zurückgehen sollen, wollen wir uns mit der nun fast geschlossenen Runde noch nicht ganz zufrieden geben. Die spärlich mit blauem Punkt bezeichnete Route Hauptstraße, Leonberger Straße, Wilhelmstraße, Burgstraße ist später zuverlässig markiert und geleitet uns zum nördlichen Stadt-rand.

Wir beachten den Radwegweiser »Silberberg« und wählen an einer Kreuzung den Fahrweg bergauf Richtung Naturtheater. Zu Fuß geht's weiter über einen Treppen-aufstieg. Man entscheidet sich nicht für die direkte Verbindung zum Na-turtheater, sondern nimmt den lin-ken Wanderweg zum Waldende und den anschließenden Pfad.

Naturtheater im Schilfsandsteinbruch

In dem unter Landschaftsschutz gestellten, zentralen Bereich eines ehemaligen Schilfsandsteinbruchs, am Südwestabfall des Längen-bühls, mit bis zu fast 20 Meter ho-hen Wänden, stößt man auf das kleine Naturtheater. Die beachtli-chen Schichten des Steinbruchs wurden in einem Delta während der Triaszeit sedimentiert.

Der Längenbühl-Sandstein war vor allem in Stuttgart so begehrt, dass während des gesamten 19. und noch zu Beginn des 20. Jahrhun-derts eine stattliche Zahl Renninger Steinmetze dort ihrem Hauptbrot-erwerb nachgehen konnte. Erst 1956 verließ der letzte Steinmetz den Längenbühl. Seitdem der Ab-bau eingestellt ist, konnte sich hier ohne Zutun des Menschen eine viel-fältige Waldnatur aus zweiter Hand entwickeln.

Nach dem direkten Abstieg zu unseren Fahrzeugen sausen wir zu-rück zum Bergfuß und haben nun nicht mehr weit zum Renninger Bahnhof.

Tourensteckbrief

Renningen – Weil der Stadt (8 km) – Schafhausen (5 km) – Aidlingen (6 km) – Darmsheim (5 km) – Renningen (19 km).
Ausgangsort: Renningen im nördlichen Heckengäu, Bahnhof (410 m), S-Bahn von Stuttgart.
Routenlänge: 43 Kilometer.
Fahrzeit: 4 Stunden.
Höhenunterschied: 280 Meter.
Straßen und Wege: Überwiegend bezeichnete und zum größeren Teil geteerte Wirtschafts- und Forstwege, kleiner Wanderweg-abstecher. Kurze kräftige Steigungen.
Für Kinder geeignet: Ja.
Auch als Wanderung zu empfehlen: Nein.
Karte: Wanderkarte des Landesvermessungsamtes Baden-Württem-berg, Blatt 14 »Stuttgart«, Maßstab 1 : 50 000.

Zu den Heslacher Wasserfällen

Waldgeheimnisse
vor den Toren der Landeshauptstadt

Die Wanderwege rund um Stuttgart könnten gut und gerne einen ganzen Fuhrer füllen. Besonders die erholungs- und erlebnisreichen Wälder im westlichen Anschluss an die Landeshauptstadt mit ihrem ausgeprägten Hügelcharakter bergen eine ungeheure Fülle von Tourenmöglichkeiten für alle Jahreszeiten. Dabei stellen die markierten Wege im Bereich des Glemswaldes, zu dem auch das Naturschutzgebiet Rotwildpark gehört, nie große Anforderungen. Allenfalls die gewählte Länge kann einzelne Wanderungen als mittelschwer einstufen.

Das auf der B 14 Richtung Böblingen, aber auch mittels der S-Bahn rasch erreichbare Naherholungsgebiet birgt eine Reihe von Geheimnissen: spannungsvolle Klingen, allerlei Felsformationen und rauschende Wasserfälle, stille Bachtäler und kleine Seeaugen und natürlich jede Menge Waldeinsamkeit. Genügend Platz also zum Staunen und Ausspannen.

Eine der lohnendsten Naturesehenswürdigkeiten sind die Heslacher Wasserfälle beim Rudolf-Sophien-Stift an der Leonberger Straße. Der etwas abenteuerliche, in die schummerige Unterwelt führende

Pfadabstieg erfordert allerdings ein wenig Trittsicherheit und vor allem bei Nässe ein solides Schuhwerk. Auch die deutlich angenehmer begehbare, wildromantische Schwäblesklinge im Kohlhau bei Sonnenberg kann für einen stadtnahen Ausflug wärmstens empfohlen werden. Startet man beispielsweise an der S-Bahn-Haltestelle in Vaihingen, so kann man die beiden landschaftlichen Highlights mit einem Besuch der Uni, einem Bummel durch den schönen Pfaffenwald und einer abschließenden, genüsslichen Höhenwanderung mit Tiefblicken auf Kaltental verbinden. Eine recht ein-

Die Vaihinger Steinbrecher

drucksvolle und sicherlich zufrieden stimmende Jahresabschlusstour zur Vorweihnachtszeit.

Über die Uni
in den Pfaffenwald

Wir überschreiten vom **Vaihinger** Bahnhof die Gleise und nehmen den Gehsteig der Vollmoellerstraße. An einer Kreuzung rechts in die Robert-Koch-Straße einschwenkend, geht's am Schwäbischen Brauerei-museum vorbei zum Bezirksrathaus mit einem anschließenden Fach-werkhaus aus dem Jahre 1556. Ge-

genüber sind die Figuren der Vaihin-ger Steinbrecher zu sehen.

Stets auf Fußgängerwegen, teil-weise mit rotem Punkt markiert, folgt man der Robert-Leicht-Straße und der Allmandstraße zur Stuttgar-ter **Universität.** Dort wählt man die Universitätsstraße mit ihrem riesi-gen Gebäudekomplex. Nach der Mensa-Unterführung ist auf die Punkt-Markierung zu achten. Kurz darauf entführt uns das Steinsträß-le, ein Forstweg, im Bogen leicht bergan in den Mischwald des Natur-schutzgebiets Rotwildpark.

Auf einer kleinen, stellenweise etwas morastigen Lichtung fristet ein moderiger, moosgekleideter Fichtenstrunk sein armseliges Da-sein, wartet geduldig auf seinen Zer-fall. Einer von vielen im Rotwildpark. Und doch nicht wie viele. Ein Samen seiner Gattung hat sich vor gerau-mer Zeit ausgerechnet diesen mick-rigen Stumpf auserwählt, um neues Leben hervorzubringen. Vielleicht hatte er Mitleid mit dem kläglichen Überrest des abgesägten Ahnen und wollte ihm den Lebensabend etwas verschönern. Mittlerweile ist es ein wackeres, gesundes Bäum-chen, das sich da mit seinen kraft-vollen Wurzeln hartnäckig in den faulenden Aussichtsposten krallt. Nur ganz selten blitzen ein paar Sonnenstrahlen durch das umge-bende Gezweig genau auf das vor-witzige Fichtenkind und erleuchten es wie ein kleines Weihnachtsbäum-chen. Fast geht man achtlos an die-sem Wunder der Natur vorbei.

Wir erreichen die Wegspinne namens Vier Eichen mit Grillplatz und entscheiden uns für die Route Richtung Dachswald. Die bolzengerade Strecke ist mit blauem Balken markiert. Vereinzelt säumen knorrige, alte Eichen das weiterhin durch die Waldesstille führende Pflanzschulsträßchen. Eine Fußgängerbrücke spannt sich über die B 14. Bei der Pfaffenstichhütte, einem Unterstand, orientieren wir uns am Schild »Hasenbergsteige«. Bald darauf weist der blaue Balken die Talroute an der Bundesstraße entlang.

Wo der markierte Kurs zu einer Brücke abschwenkt, könnte man bei schönem Wetter noch einen Abstecher zum nicht allzu weit entfernten Birkenkopf einlegen. Das Aufschüttungsmaterial dieser künstlichen Aussichtskuppe, die in den fünfziger Jahren von 471 auf 511 Meter Höhe anwuchs, stammt noch von dem im letzten Krieg übrig gebliebenen Stuttgarter Häuserschutt. Am Ostfuß des Berges entdecken geologisch Interessierte beim Parkplatz der Straßenverbindung eine Erklärungstafel, die anhand einer kleinen Aushöhlung in der Befestigungsmauer den Sachverhalt der Birkenkopfverwerfung veranschaulicht.

Knollenmergelschichten und normalerweise als nächsttieferes Paket anstehender Stubensandstein schmiegen sich an einer Verwerfungsfuge in der Horizontalen direkt aneinander. Diese mehrere Kilometer lange und um etwa 40 Meter verworfene Störungszone, die hier

Die Heslacher Wasserfälle

als so genanntes geologisches Fenster zutage tritt und deren Alter von Wissenschaftlern auf rund 20 Millionen Jahre geschätzt wird, ist Teil des Fildergrabens.

Wir wandern nun nicht über die Brücke, sondern noch ein Stück bergab und nehmen rechts ganz kurz mit dem Fußgängerweg an der Leonberger Straße vorlieb. Gleich zweigt wieder ein Forstweg ab. Auf den Wegweiser **»Heslacher Wasserfälle«** achtend, geht's auf einem Pfad in Kürze durch eine Waldecke mit hohen Kiefern zum oberen Ende der wilden Heidenklinge mit den ge

*Sandsteinaufschluss
in der Schwälblesklinge*

Wir wenden uns zurück zum Forstweg und bummeln nach einer Bahnquerung auf dem Dachswaldweg talwärts. Der mit blauem Punkt bezeichnete, fortwährende Erholungskurs hat eine weitere Klinge als Begleiterin. Im **Heslach**er Talgrund halten wir uns links, gehen unter einer Brücke hindurch und an den Gleisen entlang und queren am Südheimer Platz die Bahn.

Auf einem Gehsteig das Tal zurück spazierend, kommen wir nochmals unter der bekannten Brücke hindurch und zur Bahnhaltestelle Vogelrain. Dort kreuzen wir die nach Kaltental führende Straße und bummeln auf einem mit blauem Balken markierten Fußgängerweg am Nesenbach bergan. Wo die Häuser beginnen, lenkt uns die Markierung auf einen Forstweg. Dieser leitet empor zu unserem zweiten Ziel für heute, der **Schwälblesklinge.** Im weiteren Verlauf steigen wir unmittelbar am Schwälblesklingenbach aufwärts und tauchen wieder in der gewohnten Waldeinsamkeit unter.

In der tief ausgefrästen Kerbe lässt sich die gewaltige Erosionswirkung des fließenden Wassers ablesen. Der bequeme Aufstieg lenkt den Blick immer wieder auf vereinzelte Gesteinsaufschlüsse im unterschiedlich gefärbten Stubensandstein: kantige Blöcke, gerundete Felsnasen, plattige Schichtungen und schattenwerfende Überhänge. Buchen, Eschen und Ahorne suchen sich in den steilen Bergflanken die kühnsten Standpunkte zum Wurzeln. Nagen Regen-

nannten Wasserfällen, einer ganze Reihe von bemerkenswerten, kleinen Stürzen. Leider stört der ständige Geräuschpegel der nahen Leonberger Straße die lebendige Naturbühne. Eine steil abfallende Weganlage, mitunter etwas rutschgefährdet, entführt uns in die spannende Tiefe, bis der quirlige, über Sandsteinfelsen hüpfende Wildbach in einem geheimnisvollen Tunnel verschwindet. Man muss sich für diesen köstlichen Abschnitt Zeit lassen, um die Ausstrahlung dieses Winkels so richtig aufsaugen zu können.

güsse allerdings zusehends an deren
Standfestigkeit, donnern die Baum-
stämme irgenwann mit einem be-
benden Rumpeln und Krachen in die
Tiefe. Wenn die winterlichen Temperaturen in den Keller gehen, verleihen
bizarre Eisformationen dieser Stadt-
randwildnis zusätzliche Reize.

Bestellt und nicht abgeholt

Vor dem Ende der Klinge biegt der
bezeichnete Kurs ab und bringt uns
zur Klinik **Sonnenberg.** Wir lassen
uns stets vom blauen Balken den
Weg weisen. Nach einem kurzen
Straßenabschnitt können wir gleich
wieder auf einem Forstweg weiter-
träumen, der bergauf Richtung
Möhringen führt. Zwischendurch
verschmälert sich die Route in dem
besonders schönen Hangwald zu einem Wanderweg. Noch vor dem Ort
geht man am Waldrand entlang einen mit blauem Punkt ausgezeichne-
ten Schleichweg und gelangt zuletzt
mit schönen Talblicken über einen
Höhenzug zurück nach **Vaihingen.**

Tourensteckbrief

Stuttgart-Vaihingen (435 m) – Universität (450 m) – Heslacher
   Wasserfälle (400 m) – Heslach (310 m) – Schwälblesklinge
   (360 m) – Sonnenberg (420 m) – Stuttgart-Vaihingen (435 m).
Ausgangsort: Stuttgart-Vaihingen, Bahnhof (435 m), S-Bahn von
   Stuttgart. Vaihingen liegt an der B 14 Richtung Böblingen.
Routenlänge: 17 Kilometer.
Gehzeit: 4 1/2 Stunden.
Höhenunterschied: 200 Meter.
Wege: Überwiegend gut bezeichnete Forst- und Wanderwege,
   im Ortsbereich Fußgängerwege. Zu den Wasserfällen bei feuchter
   Witterung, insbesondere während der Wintermonate,
   rutschgefährdete Weganlage. Harmlose Anstiege.
Für Kinder geeignet: Nein.
Auch als Radtour zu empfehlen: Ja, auch für Kinder.
Einkehrmöglichkeit: In Heslach.
Karte: Wanderkarte des Landesvermessungsamtes Baden-Württem-
   berg, Blatt 14 »Stuttgart«, Maßstab 1 : 50 000.

Durch den Hain zum Vulkan

Stuttgarter Genusswanderung auf den Fildern

Das zwischen Neckar und Schönbuch im Südosten Stuttgarts gelegene, sanft geschwungene Agrarland der Filder lockt den Städter mit erholsamen Wanderwegen. Stille Waldflecken, romantische Bachtälchen, Obstbaumwiesen und ein paar landschaftliche Besonderheiten sorgen dafür, dass es unterwegs über Wiesen und Äcker nicht langweilig wird. Ein Hauptziel der Filderwanderung ist der Scharnhäuser Vulkan im Tal der Körsch. Ein Besuch dieses Ablegers des im Raum Kirchheim/Urach beheimateten Schwäbischen Vulkans mit seinen insgesamt 355 Schloten lässt sich ausgezeichnet mit einem vergnüglichen Bummel durch den Stuttgarter Eichenhain verbinden.

Auf dem unterhaltsamen Rückweg über Ruit und Heumaden kommt man dann noch an der Steinklinge vorbei, einer der für die steilen, stadtnahen Hanglagen typischen Talkerben. Vielleicht reizt dort den einen oder anderen noch ein kleiner, wegloser Exkurs in die düstere, geheimnisvolle Tiefe des jungen Katzenbachs. Die schluchtähnlichen Bacheinschnitte oder Klingen, entstanden durch die unablässigen Erosionskräfte des fließenden Wassers, werden oft durch Erdrutsche flankiert und bringen in der kalten Jahreszeit skurrile Eisbildungen hervor.

Unsere meist auf markierten Wegen abseits des Verkehrs verlaufende leichte Rundwanderung weist keine besonderen Anstiege auf und lässt sich ohne weiteres auch während der Wintermonate durchführen.

200 Rieseneichen

Der Stuttgarter Stadtteil **Sillenbuch** ist bequem mit der Straßenbahn zu erreichen. Bei der »Stuttgarter Bank« biegen wir von der Kirchheimer Straße in die Liliencronstraße ein und halten uns am Ortsende kurz rechts. Vom Radwanderweg Richtung Bir-

Winterruhe im geschützten Stuttgarter Eichenhain

kach leitet uns der rote Markierungspunkt auf einen Spazierweg.

Wir betreten das Naturschutzgebiet des rund 1,5 km langen **Eichenhain**s, einen parkartigen Talhang mit eigenwilliger Ausstrahlung. Die den staunenden Spaziergänger beschattenden, knorrigen und weit ausladenden Veteraneneichen mit bis zu sechs Metern Stammumfang haben ein Alter von 300 bis 400 Jahren auf dem Buckel. Den Eichen kam fruher in mehrfacher Hinsicht Bedeutung zu. Der Mensch nutzte das wertvolle Holz, die Haustiere bekamen als Zusatznahrung die Eicheln verfüttert und dem über lange Zeit hier weidenden Vieh dienten die Baumriesen als Unterstand.

Zahlreiche Ruhebänke verlocken zu einer träumerischen, wenn auch etwas verfrühten Tourenunterbrechung. Aber schließlich muss man auch in der Natur die Feste feiern, wie sie fallen. Man genießt dabei die Aussicht hinüber zur fernen Mauer der Schwäbischen Alb. Im Sommer zeigt der gelegentlich noch von Schafen beweidete Halbtrockenrasen eine üppige und vielfältige Flora.

Leicht bergab spazierend, gelangen wir hinunter ins Tal des Kleinhohenheimer Bachs, der wenig später vom Ramsbach aufgenommen wird. Dieser begleitet uns nun auf unserem weiteren Erholungskurs. Nach der Querung der Straße von Riedenberg wählen wir gleich nach der Brücke den bequemen Wirtschaftsweg neben der Landstraße nach Plieningen durch das teilweise geschützte Wiesentälchen. Auf der

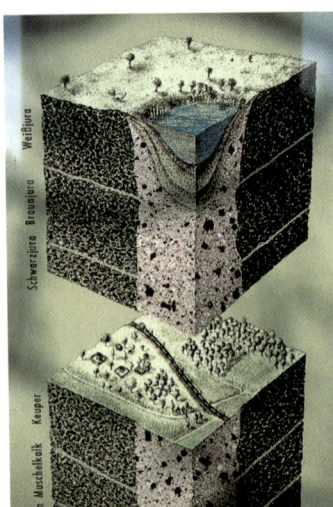

Vorbildlich gestaltete Schautafeln geben Auskunft über die vormalige Aktivität des Scharnhäuser Vulkans.

Anhöhe jenseits des Talzugs thront Schloss Hohenheim. In dem einstigen Landsitz des Herzogs Carl Eugen mit dem bekannten Marmorsaal befinden sich heute die Universität Hohenhe, vor dem Schloss der Botanische und der Exotische Garten, das Landesarboretum.

Ab der Kläranlage folgen wir an der breiteren Körsch entlang der nach Denkendorf führenden Radwanderroute. Das Anliegersträßchen führt, zwischen den beiden Weilern **Neumühle** und Stockhausen die Kreisstraße von Kemnat kreuzend, stets sanft talwärts zu einer bedeutsamen Stelle erdgeschichtlichen Geschehens, auch wenn weit und breit nichts Spektakuläres zu sehen

ist. Das einzig Auffallende sind sechs Glas-Schautafeln in einer leicht erodierten Geländesenke am Fuße eines Obstwiesenhangs mit artenreichem Baumbestand. Diese ausgezeichnet gestalteten Informationssäulen erläutern auf spannende Art und Weise die einstige Aktivität des Scharnhäuser Vulkans sowie den Ursprung der Fildergegend als Meeresboden.

Vulkankegel gibt es zwar keinen zu bestaunen, aber vielleicht stolpert man bereits beim Nähertreten über einen der eigenwilligen Gesteinsbrocken, die man hier gar nicht vermuten würde. Leuchtender Kalkstein, zusammen mit dunklem Schiefer und anderen Gesteinen als Konglomerat im Vulkantuff gebunden, bedeckt hier vereinzelt den Knollenmergel. Der Vulkan hatte die vormals vorhandenen, unterschiedlichen Schichtpakete – Schwarzer, Brauner und Weißer Jura – durchstoßen und ist als Gasausbruch zu verstehen.

Das etwa vor 17 Millionen Jahren emporgepresste Magma wurde nicht bis an die Erdoberfläche befördert. Dies ist auch der Grund, weshalb kein Kegel existiert. Die Geologen nennen solche Durchschläge Vulkanembryonen. Das im Schlotinneren angesammelte »Fremdgestein« überstand zusammen mit den Ascheteilchen den viele Jahrmillionen dauernden Abtragungsprozess und legt heute ein wichtiges Zeugnis von dem einst um 500 Meter höheren Gebiet ab. Das Bedeutendste am Scharnhäuser Vulkan ist die Tatsache, dass der hier vorkommende

Am Ramsbach bei Kemnat

Weiden bei Heumaden

Weiße Jura in der Schwäbischen Alb beheimatet ist. Die Albtafel dehnte sich einstmals wesentlich weiter nach Norden hin aus, dies ist weithin bekannt. Dass sich der Trauf sogar kurz vor den Toren der heutigen Landeshauptstadt befand, überrascht allerdings.

Über Ruit zur Steinklinge

Am Schild des Ostfilderner Ortsteils **Scharnhausen** begeben wir uns auf die Richtung Neuhausen bezeichnete Wanderroute, schwenken aber unterm Scharnhäuser Schlössle, dem einstigen Lustschloss Herzog Carl Eugens, sofort wieder links auf den anfangs geteerten Wirtschaftsweg ab. Nach ein paar landwirtschaftlichen Gebäuden geht's

über eine Brücke und zwischen einem bewaldeten Bachtälchen und Pferdekoppeln unmerklich bergan.

Beim Ende eines Sportplatzes leitet uns eine Wiesenspur am Sperrzaun der US-Kaserne Fohlengarten entlang. Anschließend stoßen wir unterhalb an der Kläranlage auf einen Fußgängerweg. Nach den Schrebergärten quert man ein Sträßchen und folgt schließlich der Fahrspur nach **Ruit.** Dort finden wir geradeaus wieder einen Fußgängerweg vor, nehmen bei der Post den Justinus-Kerner-Weg und halten uns links an der Kirche vorbei. An der Bushaltestelle biegen wir links in die Straße ein und entscheiden uns an der Ampel für die Hedelfinger Straße.

Die Route ist nun im weiteren Verlauf mit dem Wegweiser »Heu-

Das weithin sichtbare Markierungskreuz lässt keinerlei Orientierungsschwierigkeiten aufkommen.

maden« sowie einem roten Kreuz bezeichnet, das uns bei der Telefonzelle am Ortsende auf einen Feldweg weist. Dieser wird bald von einem kurzweiligen Wanderweg ab-

gelöst. Nach dem Aufmerksamkeit verlangenden Zickzackkurs nimmt uns jetzt ein entspannender Mischwald auf.

Am Waldende, wo sich der neugeborene Katzenbach einen Weg durch die enge **Steinklinge** zum Neckar bahnt, steigen wir hinauf nach **Heumaden.** Man lässt sich einfach vom roten Markierungskreuz durchs Dorf leiten und folgt nach der Kirche ganz kurz der Straße »Hedelfinger Filderauffahrt«. Gleich darauf geht's links auf einem zu Beginn geteerten Forstweg, der als »Unt. Lederberg-Weg« ausgeschildert ist, bergab über einen Waldhang. Der hervorragend markierte Wanderkurs führt mit einem letzten Anstieg zurück nach **Sillenbuch.**

Tourensteckbrief

Stuttgart-Sillenbuch (440 m) – Eichenhain (430 m) – Neumühle (325 m) – Scharnhausen (320 m) – Ruit (409 m) – Steinklinge (380 m) – Heumaden (420 m) – Stuttgart-Sillenbuch (440 m).

Ausgangsort: Stuttgart-Sillenbuch, im Südosten der Landeshauptstadt, »Stuttgarter Bank« (440 m). Straßenbahn von der Innenstadt.

Routenlänge: 17 Kilometer.

Gehzeit: 4 $1/2$ Stunden.

Höhenunterschied: 150 Meter.

Wege: Bis auf die Dorfstraßen ausschließlich Wirtschafts- und Wanderwege, die überwiegend gut bezeichnet sind.
Nur leichte Anstiege. Nach stärkeren Schneefällen ungeeignet.

Für Kinder geeignet: Nein.

Auch als Radtour zu empfehlen: Ja, auch für Kinder.

Einkehrmöglichkeiten: In Scharnhausen, Ruit und Heumaden.

Karte: Wanderkarte des Landesvermessungsamtes Baden-Württemberg, Blatt 14 »Stuttgart und Umgebung«, Maßstab 1 : 50 000.

Durchs Reichenbach-tal zum Holderstein

Erholsame Wanderwege im Schurwald

Im nahen Stuttgarter Osten erheben sich, von den Wassern des Neckars, der Fils und der Rems umspült und von den Kaiserbergen und dem Rehgebirge gegen den Albuch hin abgegrenzt, die reich gegliederten Höhen des Schurwalds. Seine Ausdehnung ist in etwa vergleichbar mit dem Naturpark Schönbuch. Bis zu 250 Meter Höhenunterschied muss der Naturfreund überwinden, wenn er mit den höchsten Bergkuppen liebäugelt. Doch die markierten Wege und Pfade sind selten besonders steil. Der lang gezogene Schurwald, an dessen Randlagen hervorragende Weine heranwachsen, ist ein ideales Wanderreich, eine vorzügliche Erholungsinsel für all jene, die am Wochenende auf einem möglichst kurzen Weg dem Großstadtgetriebe entfliehen möchten.

Aber auch wer die Spannung abseits bezeichneter Routen sucht, wird in diesem vorwiegend vom Keuper geprägten Bergland fündig. Viele Bachtäler, mitunter recht unwegsame Schluchten und scharf eingegrabene, teils felsige Klingen durchschneiden die Waldungen, lassen Rücken und Bergsporne hervorspringen. Den Schurwald schnurstracks mit festgelegter Kompassrichtung durchqueren zu wollen, würde wahrlich in eine abenteuerliche Schinderei ausarten.

Auf den kleinen Hochflächen machen Rodungen ein paar Dörfern und ein wenig Grünland Platz. Baltmannsweiler, Hohengehren, Lichtenwald und Hegenlohe heißen die Gemeinden auf den Höhen im zentralen Bereich. Der Reichenbach entwässert diesen Teil nach Süden, zur Fils hin. Ihm wollen wir folgen auf unserem Entdeckungsgang vom gleichnamigen Ort im Filstal durch erfrischende Waldeinsamkeit zum wilden Holderstein. Ein kleiner Wasserfall versprüht dort nach Regen-

güssen seine Lebenskraft über eine ausgehöhlte Sandstein-Felsstufe und stürzt in freiem Fall in die moderige Tiefe. Nach einer gemütlichen Einkehr im Dörfchen Hohengehren geht's dann stets auf bequemen Forstwegen über den historischen Schlösslesplatz und am Lützelbach zurück nach Reichenbach.

Gedämpftes Bachrauschen

Kreuzt man, vom **Reichenbach**er Bahnhof auf der Bahnhofstraße spazierend, die Ulmer Straße, dann kommt man in die Hauptstraße und in ihrer Verlängerung in die Schorndorfer Straße. Am Ortsende zeigt

der Wanderwegweiser »Hohengehren« auf einen mit blauem Balken markierten, geteerten Wirtschaftsweg. Wir überschreiten den Reichenbach und folgen nach einer Wiesenquerung einem Wanderpfad bergan durch angenehm kühlen Mischwald. Im weiteren Verlauf benützt unser Kurs einen flachen Waldweg, der in eine breitere Route mündet. Diese trifft kurz darauf in der Talsohle auf ein Anliegersträßchen. Am rauschenden Reichenbach entlang, einem ziemlich lebendigen Wasserlauf, und an einem Tümpel vorbei schleichen wir hinein in das nun engere, recht romantische Tälchen.

Gleich zu Beginn eine erfrischende
Erholungslandschaft
Links: Vergnügliche Höhenbummelei

Ab den beiden Anwesen von **Bahnmühle** wandert man auf einer kaum spürbar ansteigenden Forstfahrbahn weiter. Diese passiert nochmals einen Tümpel und wechselt über schmale Lichtungen das Bachufer. Immer wieder nähren Seitenbäche die Hauptwasserader, die ständig an ihrem Bett schürft und nagt, umlagert und ausspült. An einer Einmündung bleiben wir dem herrlichen Erholungskurs mit dem blauen Balken treu, versäumen aber nicht die mit demselben Markierungszeichen ausgewiesene Abzweigung des deutlicher steigenden Waldwegs Richtung Hohengehren. Das Tal, das hier vom Katzenbach, einem Quell-

bach des Reichenbachs, durchflossen wird, liegt hinter uns.

Alsbald verlässt ein kurzer, bezeichneter Pfad die Hauptroute. Wenig später betreten wir im oberen Bereich des Bannholzes das eigenwillige Schattenreich des Naturdenkmals **Holderstein.** Unweit von hier befand sich einst ein versteckter Burgplatz. Das Klingenbächlein und ein weiterer seitlicher Zufluss vereinigen sich hier und spülen vergnügt durch eine reizvoll modellierte Sandsteinrinne mit kleinen Auskolkungen. Eine Wunderwelt im Detail. Was für ein Reich für Kinderhände! Um den Kleinen den Spaß nicht von vornherein zu verderben, wäre allerdings statt des langen Talmarsches der kurzweilige Zugang von Hohengehren aus vorzuziehen.

In düsterem Felsenschlund

Die Felsstufe, über die sich die verspielten Wasser nach dem Durch-

Auf dem tümpelreichen Schlösslesplatz stand einst das Jagdschloss des Wildparks Hohengehren. Rechts: Der individuelle Kirchturm von Hohengehren

bohren einer Verengung der Schwerkraft anvertrauen, ist zwar nur ein paar Meter hoch, hinterlässt aber einen mächtigen Eindruck und wirkt wegen ihrer Unterhöhlung sogar ein bisschen geheimnisvoll. In Trockenzeiten zeigt sich der Wasserfall allerdings wenig spektakulär. Vielleicht sollte man sich Zeit nehmen und diesem spannenden Gewölbe mit etwas Mühe und der entsprechenden Achtsamkeit auch von der moosig-feuchten Talseite her einen Besuch abstatten. Eine besonders an heißen Sommertagen köstlich erfrischende, triefende Unterwelt, die entweder ein solides Schuhwerk erfordert oder abgehärteten Barfuß-Wanderern vorbehalten bleibt.

Durch den einstigen Wildpark

Zurück auf der Hauptroute treffen wir nach einer letzten Aufstiegsetappe in **Hohengehren** ein, genau 200 m über der Talsohle der Fils. Das nette Dörfchen mit Einkaufs- und Einkehrmöglichkeit liegt nahe der Kaiserstraße, die durch den Nordteil des Schurwaldes verläuft. Wir spazieren an dem hübschen, mit wildem Wein umrankten Kirchturm vorbei und orientieren uns am Wanderwegweiser Richtung Esslingen. Am Ortsende geht's in die Parkhausstraße. Anschließend hält man sich einfach an den mit rotem Balken markierten Main-Neckar-Rhein-Weg.

Wir queren die Kreisstraße von Baltmannsweiler und genießen die bequeme Bummelei auf einem Forstweg durch den teils hochstämmigen Mischwald. An der Kreuzung mit den beiden kleinen Weihern – es ist der **Schlösslesplatz** – verlassen wir den Fernwanderkurs links Richtung Schlösslesrichtstatt.

Auf dem Schlösslesplatz befand sich bis 1839 das Jagdschloss des Wildparks Hohengehren, der wahrscheinlich von Herzog Eberhard Ludwig von Württemberg angelegt und von Herzog Karl Eugen und später von König Friedrich I. erweitert wurde. Der von einer zwei Meter hohen Mauer umfasste Park besaß am Ost- und Westzugang je ein Wächterhaus. Das östliche Gebäude ist heute noch als so genanntes Parkhaus erhalten. Das von König Wilhelm I. an die Gemeinde Altbach am Neckar überlassene Schloss wurde bis 1975 als Rathaus genützt.

Wir kreuzen die Landstraße Baltmannsweiler – Esslingen und nehmen am Grillplatz geradewegs den mit Nr. 3 bezeichneten Forstweg in Kehren hinunter über den Baltmannsberg. Im Talgrund schwenken wir in den querlaufenden Weg ein, der vom Lützelbach begleitet zurück nach **Reichenbach** führt.

Tourensteckbrief

Reichenbach an der Fils (260 m) – Bahnmühle (298 m) – Holderstein (380 m) – Hohengehren (460 m) – Schlösslesplatz (455 m) – Reichenbach (260 m).

Ausgangsort: Reichenbach an der Fils, Bahnhof (260 m), Zugverbindung von Stuttgart. Reichenbach liegt an der B 10.

Routenlänge: 19 Kilometer.

Gehzeit: 5 Stunden.

Höhenunterschied: 200 Meter.

Wege: Durchwegs gut bezeichnete Forst- und Wirtschaftswege, kurze Pfadabschnitte. Wenig anstrengender Aufstieg.

Für Kinder geeignet: Nein.

Auch als Radtour zu empfehlen: Ja, auch mit Kindern.

Einkehrmöglichkeiten: In Hohengehren.

Karte: Wanderkarte des Landesvermessungsamtes Baden-Württemberg, Blatt 15 »Göppingen – Geislingen«, Maßstab 1 : 50 000.

Mammutbäume und Mäander

Im Neuenhauser Winkel des Naturparks Schönbuch

Im besonders ansprechenden Nordostzipfel des Schönbuchs bestimmt der lang gezogene, bis zu 500 m hoch aufragende Betzenberg den Triangel zwischen den beiden Flüsschen Aich und Schaich. Grabhügelgruppen aus der Hallstattzeit, wie im Bereich der Dornhalde bei Neuenhaus, die Keltenschanze bei Dettenhausen sowie Fundstücke und Gebäudereste aus der Römerzeit weisen eine rege frühe Besiedelung dieser Ecke nach.

Im Gegensatz zum Hauptteil der auffallend reich bewaldeten Mittelgebirgslandschaft, die zum Keuperbergland zählt, ist dieser wie auch der nördliche Bereich des Schönbuchs gebietsweise vom Schwarzen Jura bedeckt. Die Flussläufe haben die harte Gesteinsplatte durchschnitten und an den Bergrändern die quarzhaltigen Stubensandsteinschichten freigelegt. Stubensandstein mit Kalkanteil wurde früher beispielsweise bei Dettenhausen, Waldenbuch und Neuenhaus als begehrter Werkstein abgebaut. Sogar für das Ulmer Münster und den Kölner Dom fanden diese Bausteine Verwendung. Das am Betzenberg gewonnene Rohmaterial benutzte man auch gerne für solide Mühlsteine. Toniger Stubensandstein dagegen hat in der so genannten guten alten Zeit als Fegsand die Fußböden der Wohnstuben blank gescheuert.

Auch in diesem Winkel des als Ganzjahres-Wandergebiet bestens geeigneten Naturparks bestimmt der Wechsel von weiten Hochflächen und tief eingekerbten Talzügen mit naturnahen, verspielt schlängelnden Flüsschen das vielgestaltige Gesicht des beliebten Stuttgarter Naherholungsgebietes. Das Gewässernetz fällt jedoch deutlich dürftiger aus. Die jungen Zubringer der Hauptwasseradern verschwinden ähnlich wie jene im Bereich der Schwäbischen Alb schon auf den Höhen kraftlos in der durchlässigen Unterwelt.

Und noch ein Charakteristikum des Naturparks zwingt auf unserer für die kalte Jahreszeit zwar ausge-

Goldenes Frauenhaar (Polytrichum commune) heißt dieses Schönbuch-Moos.

dehnten, dafür aber recht bequemen Berg- und Talwanderung immer wieder zu Schaupausen: die betagten, knorrigen Baumriesen. Sie stammen noch aus der Zeit des Hutewaldes und der Streunutzung. Im stärksten Gegensatz stehen vor allem wintersüber die gichtknotig anmutenden und weit ausladenden, kahlen Eichenurgroßväter und die schlanken und immergrünen, himmelstrebenden Mammuthünen.

Zum Naturdenkmal Sulzeiche

Startpunkt zur Betzenberg-Rundwanderung ist die Bushaltestelle Alte Post in **Dettenhausen.** Der Radwanderwegweiser »Schaichtal« zeigt

auf ein Anliegersträßchen, das uns zum Klärwerk bringt. Ein mit rotem Punkt markierter Forstweg führt leicht bergab in den Naturpark Schönbuch. Mischwaldflanken, denen man da und dort noch die Zerstörungen durch den Orkan »Lothar« am 26. Dezember 1999 anmerkt, säumen den erholsamen Spazierkurs beiderseits des stillen Schaichtals. Die ehemals hier kreuzende, bolzengerade Lindenallee, die das Stuttgarter Schloss Solitude mit dem Jagdschloss Einsiedel im Südostteil des Schönbuchs verband, ist leider nicht mehr erkennbar.

Nach einem Grillplatz kommen wir an einem kleinen Weiher vorbei, den ein winziges Inselchen ziert. An-

Die geschützte Sulzeiche bei Walddorf ist etwa 400 Jahre alt.

schließend wechselt der Weg das Ufer. Abschnittsweise legt das mittlerweile lieb gewonnene Flüsschen reizvolle Mäander in die bescheidenen Wiesenauen. Die romantische Bummelei erfreut den Wanderer zur Sommerszeit mit einer verschwenderischen Ufervegetation. Unter anderem gedeihen hier geschützte Orchideenarten.

Wir verlassen den Schaichtalweg bald nachdem die Route abermals das Ufer gewechselt hat, an einer Kreuzung mit Grillplatz. Früher befand sich in diesem Talabschnitt ein Stausee. Die lange Steige des Richtung Walddorf leitenden Waldenbucher Wegs ist ebenfalls mit dem roten Punkt bezeichnet und mündet in den Viehtriebweg. An der Kreuzung auf der Anhöhe, am Rand des Naturparks, ist es nur ein Katzensprung zum Aufwärmen im **Restaurant Rehwinkel.**

Zurück an der Kreuzung halten wir uns Richtung Sulzeiche. Auf dem mit blauem Kreuz markierten, am Waldrand entlang leicht talwärts führenden Forstweg gewinnt man hübsche Ausblicke zum Albtrauf und zum Kegel der Achalm, jenseits des Neckars.

Zuletzt auf einem Teersträßchen gelangen wir zur Kreuzung beim Naturdenkmal **Sulzeiche.** Der mächtige Veteran zeigt einen beachtlichen Stammumfang und streckt seine Astriesen wie Krakenfangarme weit von sich. Man muss den knorrigen Prachtkerl schon mindestens einmal umkreisen, um dieses Wunder der Natur als Gesamtwerk einigermaßen erfassen zu können. In der Umgebung finden sich auch noch andere alte Eichen, doch der Sulzeiche kann keine das Wasser reichen.

Durchs untere Schaichtal nach Neuenhaus

Wer die Runde noch etwas ausdehnen möchte, kann von hier über Häslach zum Schaichbergturm wandern und am so genannten **Heilbrunnen** unseren Kurs wieder aufnehmen. Von der Aussichtsplattform des 542 m hoch stehenden Wasserturms erfreut man sich einer prächtigen Schau übers Neckartal in die Albberge und an besonders klaren Tagen sogar bis zum Schwarzwald.

Wir lassen uns weiterhin vom blauen Kreuz den Kurs angeben und kehren auf einem nun deutlicher fallenden Sträßchen in ein paar Kehren zurück ins Schaichtal. Bei einem Unterstand mit Feuerstelle quillt der Heilbrunnen aus dem Waldhang hervor. Die Wasserqualität eignet sich jedoch leider nicht mehr zum Trinken.

Im weiteren Verlauf richten wir uns nach dem blauen Balken Richtung Neuenhaus und überschreiten auf einem Brücklein abermals die Scheich. Die kurvige Wasserader hat hier einen kleinen Prallhang ausgewaschen. Ganz kurz nehmen wir jetzt mit einer Wiesenspur vorlieb, bevor uns bei einer weiteren Quelle ein Forstweg aufnimmt. Der untere Talabschnitt präsentiert sich nicht

Unerwartete Begegnung mit einem Schönbuch-Hirsch

minder eindrucksvoll als der Tourenauftakt.

Bei einem abermaligen Unterstand an einer Bachbrücke folgen wir weiter dem Schaichtalweg. Das Tal öffnet sich. Nahe des Zusammenflusses von Schaich und Aich treffen wir in **Neuenhaus** ein, das seit 1978 zur Gesamtgemeinde Aichtal zählt. Das ehemalige Hafner-Handwerk hat dem Ort seinen zweiten Namen gegeben: Häfner-Neuhausen. Weit über die Hälfte der Einwohner lebte um die Mitte des 19. Jahrhunderts von der Hafnerei. Wer sich näher mit der Häfnerzunft beschäftigen möchte, erfährt im örtlichen Museum mehr darüber.

Wir halten uns im Dorf stets geradeaus, auch an der schmucken Spitzturmkirche. Das Täfelchen »Burkhardtsmühle« lenkt uns auf den lückenhaft mit rotem Punkt ausgewiesenen, fortwährend angenehm vergnüglichen Wanderkurs. Vom Ortsende nehmen wir den oberen Feldweg über Streuobstwiesen aichaufwärts. Nach einem Auwäldchen wechselt die Route bei einer Bachbrücke links in einen anfangs leicht steigenden, später mit »Waldenbuch« beschilderten Forstweg, der nun als Aichtalweg weiter dem Talverlauf mit dem reizvollen Flüsschen folgt.

Das schmale Wiesental wird zur Linken von Buchenmischwald flankiert. Auf der anderen Talseite dominiert dagegen die Kiefer. Der dortige Landstraßen-Verkehr ist leider nicht zu überhören. Bei einem Wanderparkplatz bringt uns ein ganz kurzer Abstecher über die Aich und den hier zufließenden Reichenbach zur **Burkhardtsmühle.** Dort lädt am Ende des Siebenmühlentals ein gerne besuchtes Wirtshaus zur Einkehr.

Der Sägmüller Friedrich Burkhardt hatte dieses Gebäude einst als Sägemühle errichtet. Hier führt auch die zur Wander- und Radroute umfunktionierte Trasse des ehemaligen Waldenbucher Bähnles vorbei. Der 1955 stillgelegte Dampfzug schnaufte von Stuttgart durch das Siebenmühlental, um den Waldenbucher Bürgern den Anschluss an einen Arbeitsplatz in der Stadt zu erleichtern.

Zurück am Wanderparkplatz geht's nun längere Zeit auf dem nach Dettenhausen führenden Forstweg durch sonnendurchfluteten, artenreichen Mischwald bergan.

Der mit blauem Hufeisen markierte Naturlehrpfad gibt Auskunft über Pflanzen, Bäume und Tiere des Betzenbergs sowie über die Naturgeschichte des Schönbuchs.

An einer Gabelung halten wir am Kurs Dettenhausen fest und schwenken an der Kreuzung auf dem Betzenberg in den Dettenhauser Weg ein. Über den flachen Höhenzug erreicht man das alte, zum Gedenken an den Forstmeister Erwin Knödler erbaute **Weiße Häusle** mit Grillplatz. Interessanter als die alte Hütte ist natürlich das stolze Mammutbaum-Kleeblatt. Die überdimensionalen Drillinge lassen sich nur mit diversen Verrenkungen auf Zelluloid festhalten.

Wir folgen weiter der gewohnten Markierung und entscheiden uns an der Kreuzung beim nächsten Grillplatz auf dem Neuen Walddorfer Weg Richtung Waldenbuch für einen zusätzlichen Abzweiger. An der Gabelung wenig später gehen wir noch zirka 70 m Richtung »Glashütte«. Nur ein paar Schritte rechts im Wald entdeckt man mit einem Schuss Pioniergeist mehrere Geländevertiefungen und Reste von Mauersteinen eines ehemaligen römischen Gebäudes. Ein recht verschwiegener, geschichtsträchtiger Winkel, an dem man zur Besichtigung gewiss nicht anstehen muss.

Zurück auf der Hauptroute nehmen wir wieder Kurs auf Dettenhausen und verlassen ein Stück nach dem Richtfunkturm der Bundespost, dem mit 500 m Höhe höchsten

Der stramme Mammutriese beim Weißen Häusle

Punkt des Betzenbergs, bei der **Braunackerhütte** den Wald. Kurz darauf, wo das Einsiedlersträßchen abzweigt, steht nochmals ein Mammutbaum neben einer windschiefen Hütte. An ihm sollte man nicht so mir nichts dir nichts vorbeieilen, weil man bereits drei seiner Sorte bestaunt hat. Mit einem Alter von rund 110 Jahren und ungefähr 45 m Höhe darf der schlanke Gigant für sich die Auszeichnung des höchsten Baumes im gesamten Schönbuch beanspruchen.

Wo uns der Wald wieder aufnimmt, weist eine Tafel auf eine Viereckschanze aus der keltischen Zeit hin. Die ehemalige Kultstätte ist im Bereich entlang unseres Forstweges mehr oder weniger eingeebnet, im inneren Teil zwischen den licht stehenden Bäumen aber noch gut erkennbar. Der in etwa quadratische Wall hat eine Ausdehnung von rund 65 Metern. Auf der Südseite befand sich das Zugangstor.

Wir queren nun einen Wanderparkplatz und daraufhin die von Waldenbuch kommende B 27 alt, die hier im Gebiet der sanft gewellten Braunäcker auf der stark wasser-speichernden Knollenmergeldecke des Mittleren Keupers schon des Öfteren abgerutscht ist. Landwirte bezeichnen diese bei längerer Trockenzeit hart wie Zement verbackenen Knollenmergel auch als Stundenböden, da für die Feldarbeit zwischen den beiden extremen Bodenzuständen nicht allzu viel Zeit für die Bewirtschaftung übrig bleibt.

Außerhalb des Naturparks bringt uns ein Wirtschaftssträßchen hinunter nach **Dettenhausen,** wo wir uns nach mittlerweile insgesamt 25 zurückgelegten Wanderkilometern gewiss nicht mehr für zu wenig winterlichen Sportsgeist schämen müssen.

Tourensteckbrief

Dettenhausen (395 m) – Restaurant Rehwinkel (450 m) –
    Sulzeiche (450 m) – Heilbrunnen (340 m) – Neuenhaus (321 m) –
    Burkhardtsmühle (330 m) – Weißes Häusle (480 m) –
    Braunackerhütte (492 m) – Dettenhausen (395 m).

Ausgangsort: Dettenhausen, an der alten B 27 Stuttgart–Tübingen,
    am Nordrand des Schönbuchs, Bushaltestelle Alte Post (395 m).
    Zugverbindung von Böblingen.

Routenlänge: 25 Kilometer.

Gehzeit: 6 $\frac{1}{2}$ Stunden.

Höhenunterschied: 280 Meter.

Wege: Bis auf einen ganz kurzen Pfadabschnitt und ein kleines
    Stück Feldweg gepflegte und meist zuverlässig bezeichnete
    Forstwege. Zwei längere, aber wenig anstrengende Steigungen.

Einkehrmöglichkeiten: Restaurant Rehwinkel, Neuenhaus;
    Burkhardtsmühle.

Für Kinder geeignet: Nein.

Auch als Radtour zu empfehlen: Ja, auch für Kinder.

Karte: Wanderkarte des Landesvermessungsamtes Baden-Württemberg, Blatt 27 »Naturpark Schönbuch«, Maßstab 1 : 35 000.

Auf dem Kaltenbronn

Verträumte Schwarzwald-Wanderwege
vom Hohloh- zum Wildsee

Entspanntes Erlebniswandern auf der an Mooren reichen, bis zu knapp 1000 m hohen Hochfläche des Kaltenbronns im nördlichen Nordschwarzwald, zwischen den Tälern der Enz und der Murg, gehört zu den bekömmlichsten und nachhaltigsten Freizeitaktivitäten. Die klare und reine Luft der zwischen Württemberg und Baden angesiedelten Grenzhöhen ist geschwängert mit harzigem Tannenduft und herbem Moosaroma. Hier heißt es kraftvoll durchatmen! Das Reizklima löst schließlich auch die letzten Verkrampfungen. Zudem sind die Niveau-Unterschiede kaum der Rede wert. Das bedeutet Erholung pur.

Auf dem **Kaltenbronn** treffen auch die beiden großen Schwarzwaldwege zusammen, der Mittelweg von Pforzheim nach Waldshut und der Westweg von Pforzheim nach Basel. Höhepunkte auf unserer auch für Kinder empfehlenswerten, nicht allzu ausgedehnten Waldrunde sind die einzigartigen, etwa 10 000 Jahre alten Hochmoorseen, die man auf eigenwilligen Bahnschwellenwegen erkunden kann. Wenn man in seinem Schritt des Öfteren innehält und es trotz der vielen Gleichgesinnten schafft, auf einer der zahlreichen Ruhebänke die Welt um sich herum vollkommen zu vergessen, umfängt einen ein berauschendes Stück Stille, unberührte Szenerie aus Wald, Moor und Wasser, wie man sie heute in größerem Ausmaß nur noch in den Ländern am nördlichen Polarkreis findet. Naturrelikte, eine echte Wonne.

Oder man glaubt sich in Urzeiten zurückversetzt, als noch Bären, Luchse und Wölfe durch die weglose Sumpfwildnis schlichen. Der Hohlohsee gilt als die am längsten behauptete Zufluchtsstätte der einstigen vierbeinigen Waldräuber im Nordschwarzwald. Auch das Wildseemoor kann mit Superlativen aufwarten. Das größte Plateau-Hochmoor Deutschlands mit dem zudem größten Hochmoorkolk war das erste Naturschutzgebiet Baden-Württembergs.

Der Hohlohturm bezaubert mit einer 360-Grad-Aussicht.

Von der Bushaltestelle in Kaltenbronn mit den wenigen, aber schönen alten Häusern und dem Rotwildgehege folgen wir kurz der Straße bergan. Am Parkplatz E zeigt uns der Wanderwegweiser »Hohlohsee« den an einem glucksenden Bächlein ansteigenden Kurs auf einem mit weißem Balken in roter Raute bezeichneten Forstweg. Das braune Wasser und sein würziger Atem verraten uns, wo es herkommt.

Nach dem Kreuzen zweier Querwege verflacht sich die Route. Ein nicht alltäglicher Bahnschwellenweg entführt uns bald in das schon erwartete Hochmoor. Wir betreten das Naturschutzgebiet der beiden Hohlohseen mit seinen paradiesischen Zügen. Der urwaldartige Landschaftscharakter nimmt uns sofort gefangen. Der schmale Große Hohlohsee wird gesäumt von Zwergsträuchern, gedrungenen Fichten, Moorbirken und Legföhren, durch Schneelast und Stürme gepeinigt. Torfmoose, Seggen, Binsen und Wollgräser, die im Sommer mit ihren leuchtenden Zotteln ein besonders schönes Bild abgeben, einem Meer von Wattebäuschen gleich, bedecken die Schwingrasen in den Randzonen des Wasserspiegels.

Die Moorseen auf dem Kaltenbronn sind nicht aus postglazialen Toteislöchern entstanden. Sie entwickelten sich vielmehr am Ende der letzten Eiszeit unter dem Einfluss hoher Niederschläge und geringer Lufttemperaturen auf den nur gering wasserdurchlässigen Buntsandsteinböden durch das Wachstum einer bestimmten Algenart, die der Entwicklung der Moose entgegen wirkte. Das wachsende Gewicht des angesammelten Oberflächenwassers bildete im Torfkörper schließlich die Seemulden aus.

Westweg und Mittelweg

Wir verlassen den ursprünglichen Flecken Erde und schlendern kurz geradeaus zum riesigen, steinernen **Hohlohturm** mit Unterstand. Der Rundturm auf dem höchsten Punkt weit und breit, ehemals Kaiser-Wilhelm-Turm genannt, wurde 1897 vom Schwarzwaldverein Gernsbach errichtet. Nach der Turmbesteigung öffnet sich ein unermesslicher Rundblick. Waldwelle reiht sich an Waldwelle. Wie ein aufgepeitschtes, grünes Meer.

Am Wildsee

Wir wählen nun den über eine Anpflanzung leicht talwärts leitenden Westweg zum Schwarzmiss-Unterstand, einen Abschnitt des Europäischen Fernwanderwegs E 1, und queren die Landstraße von Kaltenbronn Richtung Kreuzlehütte. Im aufgelockerten Wald achten wir an einer Gabelung auf die Beschilderung »Teufelsmühle«. Von einer Kreuzung ist es auf einem Wanderpfad nur noch ein kurzes Stück zur großen Lichtung mit der verschlossenen **Kreuzlehütte**. Hier kommt man während einer Rast nicht mal an Sonntagen ins Gedränge.

Wir verlassen den Westweg und entscheiden uns für den unteren der zwei rechts abzweigenden Forstwege. Beide sind mit »Rundwanderweg 2« bezeichnet. An einer Kreuzung stößt man wieder auf den mit weißem Balken in roter Raute markierten Mittelweg, hier als »Rundweg 1« ausgewiesen. Links abbiegend kommen wir zur Kaltenbronner Jägerschaukel am Dobel-Altlochkar-Blick, einer witzigen Holzschaukel. Unter uns erstreckt sich das junge Eyachtal. Ein so richtig typisches Schwarzwald-Traumplätzchen zum Schauen und Philosophieren. Im an-

Leuchtendes Wollgras im Hoch-
moor um die beiden Hohlohseen

Auf dem Holzbohlenweg
im Wildseemoor

grenzenden Bannwaldgebiet ster-
ben die Bäume eines natürlichen To-
des und schaffen mit ihrem Zerfall
die Grundlage für neues Leben.

Wo sich der Weg kurz vor der
Weißensteinhütte verschmälert und
zu fallen beginnt, zweigen wir
rechts auf den unbeschilderten, anfangs überaus steinigen Wanderweg ab, der uns ins Naturschutzgebiet Wildseemoor bringt. Wenig
später spazieren wir, wie schon am
Hohlohsee, auf einem amüsanten,
luxuriösen Holzschwellenweg über
die recht weite Hochmoorkuppe.
Zwischen den Bäumen blinzelt rech-
ter Hand der kleine Hornsee hindurch. Was für ein unvergessliches
Lustwandeln, wie ein Gang durch
die Ewigkeit.

Wir erreichen den **Wildsee,** ein
Stück Lappland vor der Haustüre. Der
Weg führt hier näher ans Ufer als am
Hohlohsee. Auch in diesem Schutzgebiet gilt wieder das absolute Wе-
gegebot. Nicht nur die Randzonen
des rund drei Meter tiefen Wildsee-
kolks sind von Schwingrasen umgeben. Die Wasserfläche verästelt sich
in mehrere Arme, und die schwim-
menden Rasenteppiche schieben
sich mosaikartig dazwischen. Kleine
Inseln mit einzelnen Birken lockern
die Naturbühne zusätzlich auf.

Manche der hier vorkommenden
Libellenarten kommen sonst nur
noch in skandinavischen Ländern
vor. Die teilweise mehr als sieben
Meter starken Torfschichten des umgebenden Moores wurden in

schlechten Zeiten zu Heizzwecken abgebaut. Laute Proteste vieler Bürger konnten die wertvolle Naturoase jedoch vor dem Schlimmsten bewahren. 1914 stellte man den badischen Anteil der Moorlandschaft unter Naturschutz, 14 Jahre darauf den württembergischen.

Früher sangen am Ufer dieses zauberhaften Gewässers der Sage nach die lustigen Wildsee-Nonnen, die vormals ganz in der Nähe ein ansehnliches Kloster besaßen. Auch besuchte des Öfteren eine der Nonnen eine Waldbauernfamilie oder kam zum Hochzeitsfest in die nahen Dörfer, um zu tanzen. Heute kann man die Stimmen der frohlocken-den Betschwestern angeblich nur noch gelegentlich zur Mittagszeit aus der Tiefe des Wildsees vernehmen, untermalt von einem leisen Glockenläuten.

Neben den beiden Seen liegen noch weitere 18 kleinere Kolke in dem ausgedehnten Hochmoor verstreut. Im weiteren Verlauf geht's auf einem über dem Erdboden verlegten Dielenweg durch einen nassen Moorwald. Am Ende der Weganlage halten wir uns an den Forstweg Richtung Kaltenbronn. An der **Leonhardhütte,** einem Unterstand, zeigt uns ein Steinwegweiser den letzten Abschnitt zurück zum Ausgangspunkt.

Tourensteckbrief

Kaltenbronn (860 m) – Hohlohturm (984 m) – Kreuzlehütte (893 m) – Wildsee (909 m) – Leonhardhütte (905 m) – Kaltenbronn (860 m).
Ausgangsort: Gernsbach-Kaltenbronn, Bushaltestelle (860 m). Kaltenbronn liegt bei Bad Wildbad, im Talschluss des Kegeltals, Nordschwarzwald. Busverbindung von Bad Wildbad (dort Zugverbindung von Pforzheim).
Anfahrt: Von Bad Wildbad auf der Landstraße Richtung Enzklösterle bis Sprollenmühle und auf einer Bergstraße nach Kaltenbronn.
Routenlänge: 13 Kilometer.
Gehzeit: 3 $\frac{1}{2}$ Stunden.
Höhenunterschied: 150 Meter.
Wege: Meist gut bezeichnete Forst- und Wanderwege (strenges Wegegebot). Ein wenig steiler Anstieg.
Für Kinder geeignet: Ja.
Auch als Radtour zu empfehlen: Nein.
Einkehrmöglichkeit: In Kaltenbronn.
Karte: Wanderkarte des Landesvermessungsamtes Baden-Württemberg, Blatt 3 »Bad Wildbad – Freudenstadt«, Maßstab 1:50 000.

An den Ufern von Nagold und Teinach

Sportlicher Fahrradspaß am Schwarzwaldrand

Im Osten des Nordschwarzwalds lichten sich die Waldbestände auf den Hochflächen. Allmählich senkt sich das ausgedehnte, fichtengrüne Mittelgebirge zu den nur noch von Waldinseln durchsetzten Wiesen und Feldern des Hecken- und Schlehengäus ab. Die Nagold hat hier eine beachtliche Furche in die Buntsandsteinschichten gegraben. Der unspektakuläre, dennoch deutliche Landschaftswechsel übt besonderen Reiz auf den Radwanderer aus, verlangt ihm aber durch die naturgegebenen Höhen und Tiefen auch einiges an körperlichem Einsatz ab.

Neugierige Pedalfreunde, die es zum ersten Mal mit dem Schwarzwald aufnehmen möchten, sollten sich hüten, voreilig die (zugegebenermaßen nicht gerade rekordverdächtige) Routenlänge der beschriebenen Rundfahrt zu belächeln. Dass voraussichtlich nicht allzu viel Zeit für eine nachmittägliche Tourenerweiterung übrig bleiben wird, dafür sorgen auch die zahlreichen Sehenswürdigkeiten unterwegs. Allein in dem mittelalterlichen »Vorzeigestädtchen« Zavelstein könnte man Stunden verbringen, um sein Wissen über die gute alte Zeit zu erweitern. Zavelstein ist ein reich illustriertes, aufgeschlagenes Buch der Geschichte.

Auf Schleichwegen durchs Nagoldtal

Die hübsche mittelalterliche Stadt **Calw,** Geburtsort Hermann Hesses mit einem Museum zu Ehren des großen deutschen Dichters, war bis ins 13. Jahrhundert Sitz der einflussreichen Grafen von Calw. Gerber und Tuchmacher verhalfen der Stadt einst zu Rang und Namen. Der historische Marktplatz mit den prachtvollen Fachwerk-Häuserreihen wird uns zum Ausklang unserer Entdeckungsfahrt noch unweigerlich aus dem Sattel locken.

Vom Bahnhof Calw am südlichen Stadtrand sausen wir ein Stück die Bundesstraße 463 bergab Richtung

Wildberg/Nagold und überqueren nach der Kurve auf der Fußgängerbrücke das träge Nagoldflüßchen. Für die Langholzflößerei und die Handelsschiffe war die Nagold früher ein wichtiger Transportweg. In Calw befand sich der Sitz der Schifferschaft. Eine ruhige Fahrbahn leitet uns flussaufwärts.

An der engen Flussbiegung am Rudersberg, auf dem noch die Überreste einer vorgeschichtlichen Ringwallanlage thronen, schwenken wir kurz in die Schwarzwald-Bäderstraße ein. Vor der Baumwollspinnerei geht's, wiederum auf einer Fußgängerbrücke – diesmal auf einer recht betagten – über die Wasserader. Zuvor lohnt sich allerdings noch ein kurzer Abstecher zur evangelischen Gottesackerkirche in Kentheim. Das sakrale Gebäude, auch Sankt-Candidus-Kirche genannt, soll angeblich die älteste Kirche Süddeutschlands sein.

Ein Forstweg verlangt nun kurzzeitig, dass wir etwas beherzter in die Pedale treten. Doch der Lohn für die Mühe folgt sogleich in Form einer flotten, wenn auch nicht allzu langen Abfahrt. Wir biegen in ein Sträßchen ein und bekommen durch das überwiegend von Fichten bestandene Tal hindurch abermals zu spüren, dass es flussaufwärts geht. Rechts in die Vorfahrtsstraße einbiegend, radeln wir über die Bahnlinie nach **Teinachtal.**

Nach der Nagoldbrücke halten wir uns erst Richtung Bad Teinach und biegen bei der Mündung der

Ruine Waldeck überm Nagoldtal

Teinach in die Nagold auf die Freudenstädter Route ab. An der EVS lenkt uns der Wanderwegweiser »Ruine Waldeck« auf einen Forstweg. Die an der Gabelung rechts durch den Mischwald emporkletternde Fahrbahn lässt selbst trainierte Mountainbiker ins Schwitzen geraten. Gut, dass uns beim Rastplatz Geigerle ein Kuriosum Gelegenheit zu einer kleinen Pause bietet. Die Rede ist von einem geheimnisvollen kleinen Fels-Wetterschutz. Zwei riesige Buntsandsteinblöcke stützen sich hier in Hausdachform gegensei-

Das idyllische Teinachflüßchen hat dem Heilbad seinen Namen gegeben.

tig ab, als wären hier Giganten am Werke gewesen. Der Volksmund sagt, das Felsenzelt habe einst einem bettelarmen Spielmann als Nachtlager gedient.

Hinter dem Rastplatz weist uns die blau-gelbe Raute auf einen Wanderpfad. Der kurze Abstecher zu Fuß führt uns zur ehemaligen Burg Waldeck, einer der größten Ruinen des Schwarzwaldes. Unterwegs tragen uns angelegte Steinstufen hinauf zu einem kleinen Felsentisch. Bemerkenswert ist die von unten gut

sichtbare Gesteinsschichtung. Eine mächtige Festungsanlage am Bergsporn überrascht mit ihrer sehr gut erhaltenen Ringmauer, hohen Schießscharten und einem stattlichen Torbogen. Ein gewisser Baurat Reinhard hat hier 1896 beachtliche Arbeit geleistet. 1284 wurde die Burg zerstört und später wieder neu errichtet.

Zurück auf dem Forstweg rollen wir links bergab nach Kohlerstal. Ein schmales Sträßchen trägt uns durch das enge Waldtal, wieder an der Nagold entlang, zum benachbarten Weiler **Seitzental.** Bei den letzten Häusern dieses verträumten Örtchens beachten wir den Wegweiser »Besucherbergwerk« und steuern über die Ziegelbachbrücke.

Die steile Auffahrt auf dem stillen Asphaltband, hinein ins licht bewaldete, enge Seitental, gestaltet sich recht anstrengend: Es geht endgültig hinauf in den Schwarzwald. Nach der Kehre lohnt sich der ganz kurze Abstecher zur alten Lochsägemühle mit dem überdimensionalen, noch intakten Wasserrad. Auf dem Ruhebänkchen beim Auffangbecken kann man sich von den Strapazen erholen, bevor einem der letzte Anstieg zum Eingang des historischen Silberbergwerks noch einmal Motivation und Engagement abverlangt.

Ausflug in die Unterwelt

Seit 1969 ist der etwa 400 Meter tiefe Hella-Glück-Stollen, der älteste Stollen des früheren Bergwerks, als

Besucherbergwerk zugänglich. Die Stadtgründung Neubulachs hängt eng mit dem Bergbau zusammen, der vom 13. bis zum 15. Jahrhundert seine Glanzzeit hatte. Neben Silber wurde auch Kupfer gefördert. 1525 zerstörten Bauern die Bergbau-Anlagen. Im Jahre 1608 wurde der Abbau eingestellt. Wer morgens rechtzeitig aufgebricht, für den lohnt sich die kombinierte Eintrittskarte für den Stollen und das Mineralienmuseum in der Bergvogtei in Neubulach, in dem über 1500 Mineralien zu bestaunen sind.

Zuruck in der Straßenkehre beim Wasserrad, orientieren wir uns am Wanderwegweiser »Hoher Felsen«. Der nochmalige spürbare Anstieg zehrt allmählich an den Kräften. In der Kurve nach der Forsthütte zweigt von der kaum befahrenen Straße der Forstweg Richtung Schönbronn ab. Wir folgen durch den Fichtenwald der anfangs leicht fallenden Route. Diese quert ein Sträßchen und führt dann weiter gemütlich durch die Waldeinsamkeit. Später mündet sie links in die Landstraße von Neubulach. Auf dieser bergan fahrend, müssen wir kurzzeitig den Autoverkehr ertragen. Das oberhalb abzweigende und wieder deutlich stillere Sträßchen durch den Buhlerwald nach **Martinsmoos** beschert uns ein erholsames Tretvergnügen durch einen seltenen Tannenwald. Unser Muskelmotor kann sich erholen. Fast 300 Meter hat er uns aus dem Nagoldtal in die Höhe befördert.

Am Ortsanfang beim Friedhof leitet die Bezeichnung »Weikenmühle« einen beschwingten Abfahrtsspaß auf einem geteerten Wirtschaftsweg ein. An der Gabelung am Ende der Teerstraße halten wir uns weiter bergab und bekommen auch nach der Straßenquerung noch eine Weile den wohlverdienten Fahrtwind zu spüren. Bei den abgeschiedenen Anwesen von Glasmühle folgen wir dem schmalen Sträßchen rechts der Teinach. Die Wanderwegbezeichnung »Bad Teinach« weist uns im weiteren Verlauf den Weg durch das romantische Nadelwaldtälchen. Wir gleiten auf dem traumhaften Kurs am Dachshof vorbei umd treffen gleich darauf beim stattlichen, alten Schwarzwaldhaus des Lautenbachhofs ein. Das Wildgehege neben dem sehenswerten Gebäude (das man für Festlichkeiten mieten kann) lockt uns aus dem Sitzleder. Eine einsame Schwarzwald-Idylle, wie man sie sich nicht schöner vorstellen kann.

Anschließend wechselt die Route die Bachseite und mündet beim Katharinenplaisier rechts in die Landstraße von Neuweiler. Das Schatten spendende Ruheplätzchen ist nach der Tochter König Friedrichs von Württemberg benannt. 1807 zwang Napoleon I. die Königstochter, seinen Bruder Jérôme Bonaparte, König von Westfalen, zu heiraten. Hier ruhte sie sich von ihren Sorgen aus, die ihr als Königin von Westfalen durch den Imperator aufgebürdet wurden.

Das historische Mühlrad bei der Otto-Therme in Bad Teinach

»Rings ein Frieden ohne Störung
Die Natur scheint im Gebet
Wie ein Kind, das um Erhörung
Seiner frommen Wünsche fleht.«

Dieser von Alfred Müller stammende und weitere in eine Felsenplatte eingemeißelte Sprüche laden uns kurz danach erneut zu einer kleinen Fahrtunterbrechung ein. Dann ist **Bad Teinach** erreicht, ein rege besuchtes Heilbad in windgeschützter Lage. Unterhalb der Kirche plätschert bei der Otto-Therme noch ein historisches Mühlrad. Der Durchmesser des Schaufelrades beträgt stolze sechs Meter. 1889 wurden die drei ehemaligen Holzwasserräder durch dieses eiserne Rad ersetzt. Leider fiel die alte Mühle 1980 der Umgehungsstraße zum Opfer. Wem die Beine dampfen, der kann sie nebenan in der Kneippanlage wieder auf Normaltemperatur bringen.

Ins malerische Bergstädtle Zavelstein

Folgt man anfangs dem Wanderwegweiser »Zavelstein«, gewinnt man einen schönen Rückblick auf den ansprechenden Ort. Ein Forstweg leitet uns ins Mischwaldtälchen des Rötenbachs. Wir achten auf die Abzweigung Richtung Zavelstein und mühen uns die Alte Steige bergan. Schiebend erreichen wir, zuletzt nur noch auf einem Pfad, das historische Städtchen **Zavelstein.** Der heutige Luftkurort war einst die kleinste Stadt Deutschlands.

Vom Marktbrunnen holpern die Reifen auf einem nostalgischen Pflastergässchen, an vorbildlich restaurierten Fachwerkfassaden und am Rathausbrunnen von 1620 vorbei, zu der hoch über der Teinach thronenden Burgruine aus dem frühen 13. Jahrhundert. Sie wurde als Vogtsburg der Grafen von Calw erbaut. Hier setzt die alte Stadtmauer an. Den 28 Meter hohen, als Aussichtsturm genutzten Bergfried erreicht man über den Burggraben, der früher eine Zugbrücke trug, und die Vorburg. Unter dem Bergfried

Das Wildgehege beim schwarzwaldtypischen Lautenbachhof lockt zu einer Fahrtunterbrechung.

befand sich das Verlies, in dem man die Gefangenen festhielt. Anfang des 17. Jahrhunderts hatte man die Burg zu einem Renaissanceschloss umgestaltet. 1692 wurde die Anlage gemeinsam mit der Stadt zerstört. Eine bedeutende Rolle spielte die Burg Zavelstein im Jahre 1367 durch die, von Ludwig Uhland in einem Gedicht festgehaltene, Flucht des von den Grafen von Eberstein während eines Bades in den Thermalquellen Wildbads überfallenen württembergischen Herzogs Eberhard des Greiners. Alle zwei Jahre findet hier ein beliebtes Burgfest statt.

Im Durchgang ist noch ein alter Teuchelbohrer und ein Teuchel zu sehen. Mit diesem Bohrer stellten früher die Handwerker die Teuchel

her, die von 1624 bis 1890 das Wasser aus den Rötenbacher Quellen zur Burg und zum Städtle führten. Die ausgebohrten Holzröhren wurden mit runden Eisenstangen verbunden und in die Erde verlegt. Die elf Zavelsteiner Brunnen werden heute noch von diesen Quellen gespeist. Im Innenhof kann man neben dem Burgbrunnen verschiedene Wappen am Gemäuer bestaunen. Ein weiterer Höhepunkt der Anlage ist der begehbare Burgkeller. Leider wurden die ehemals hier gelagerten Fässer mit mehr als 300 Hektoliter Wein von den Kaiserlichen schon im Jahre 1634 geplündert. So sehen wir uns gezwungen, unseren Durst im Wirtshaus zu stillen.

Vom Marktbrunnen weist uns die Beschilderung »Sport- u. Tennisplät-

g. Beim Lösch-
Hindenburglinde
Moste von 1857 zu
achten am Brunnen-
Wegweiser »Gaststätte
eim«. Statt der ehemaligen
slinde, an die noch ein Ring
ert, ziert die Stelle nun eine
90 gepflanzte Wiedervereini-
gungs-Linde. Auf der anderen Straßenseite ist das Brechenloch zu bewundern. Hier wurde früher der ge-
rupfte Flachs im Morgentau, unter

Anleitung der Darrfrau, durch Dar-
ren über offenem Feuer und weitere
Bearbeitung zum späteren Spinnen
und Weben vorbereitet. Daneben
befindet sich die restaurierte Lamm-
quelle. Sicher haben wir noch lange
nicht alles gesehen. Doch leider neigt
sich der erlebnisreiche Tag seinem
Ende entgegen. Man vermag sich
fast nicht loszureißen von diesem
hübschen Stadtflecken.

Nach der verdienten Stärkung
strampelt sich's nun deutlich leich-

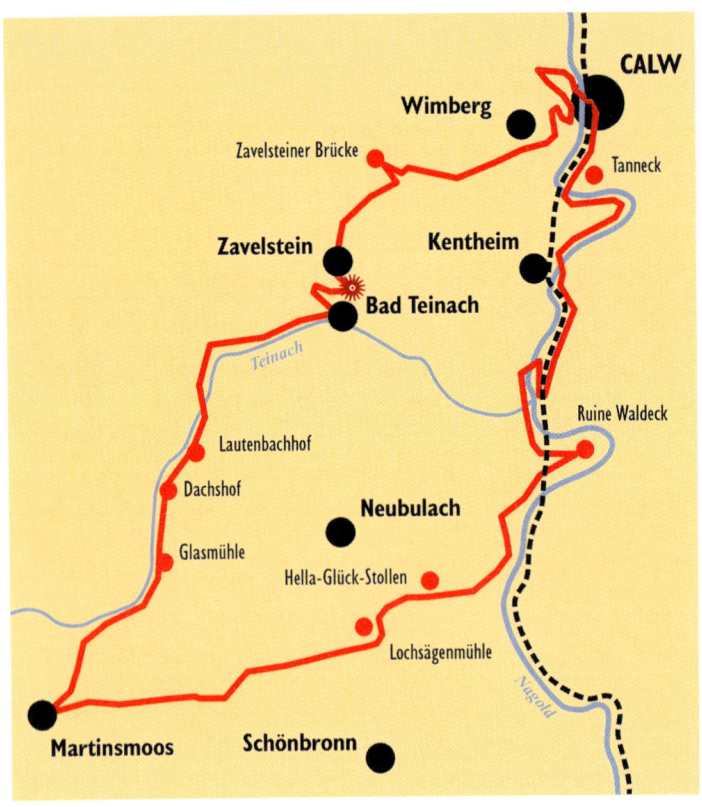

ter. Wir fahren bergan ins »Naturschutzgebiet Zavelsteiner Krokuswiesen«. Ende März blühen hier Unmengen von Frühlings-Safran, wie die Krokusse auch genannt werden. Es sind die einzigen wilden Krokusse des Schwarzwaldes. Der Sage nach sollen die Pflanzen durch den Burgherren Benjamin Buwinghausen von Wallmerode auf einer seiner Reisen aus dem Mittelmeerraum hierher gebracht worden sein. Später aus dem Burggarten ausgewildert, breiteten sich die Krokusse angeblich in der Umgebung aus. Damit das Massenblühen dieser Pflanze nicht gefährdet wird, gelten außer einem allgemeinen Pflückverbot auch bestimmte Bewirtschaftungsrichtlinien für Landwirte.

Nach dem erfrischenden Talkurs auf einer schmalen Fahrbahn durch Mischwald lockt hinter der Straßenquerung das herrliche Ruheplätzchen am Zavelsteiner Brückle nochmals zu einer Fahrtunterbrechung. Jenseits des Rötelbachs kann uns der letzte Aufschwung für heute hinauf zum Blockhaus auch nicht mehr aus der Ruhe bringen. An Wimberg vorbei – rechterhand im Wald befindet sich das ehemalige Schafott – beschließt die rassige Abfahrt, zuletzt auf der Kreisstraße, unseren anstrengenden, aber lohnenden Schwarzwald-Ausflug.

Tourensteckbrief

Calw – Teinachtal (7 km) – Seitzental (4 km) – Martinsmoos (10 km) – Bad Teinach (8 km) – Zavelstein (3 km) – Calw (9 km).
Ausgangsort: Calw am Ostrand des Nordschwarzwaldes, Bahnhof (340 m). Zugverbindungen von Stuttgart und Pforzheim. Calw liegt an der Bundesstraße 463
Routenlänge: 41 Kilometer.
Fahrzeit: 4 $\frac{1}{2}$ Stunden.
Besuch der Ruine Waldeck zu Fuß: zusätzlich $\frac{1}{2}$ Stunde Gehzeit. Reichlich Zeit für die vielen Sehenswürdigkeiten einplanen!
Höhenunterschied: 800 Meter.
Straßen und Wege: Forstwege und kaum befahrene Sträßchen, ganz kurze Passagen auf Bundes- und Landstraßen, Abstecher zur Ruine Waldeck auf bezeichnetem Wanderpfad. Unterschiedlich lange und mehrmals recht anstrengende Steigungen.
Für Kinder geeignet: Nein.
Auch als Wanderung zu empfehlen: Nein.
Karte: Wanderkarte des Landesvermessungsamtes Baden-Württemberg, Blatt 3: »Bad Wildbad – Freudenstadt«, Maßstab 1:50 000.

Wo Enz und Nagold entspringen

Im Hochland des zentralen Schwarzwalds

Treffend hat Wilhelm Jensen in seinem 1901 erschienenen Schwarzwaldbuch die Ausstrahlung des Hochlandes nach dem fast unerträglich lang andauernden Waldwinter in Worte gefasst: »Es fesselt wunderbar reizvoll Blick und Empfindung, wenn es im Mai oder Junibeginn im ersten Schmuck seiner tausendfältigen Frühlingsblüten daliegt. Eine Frische, ein Duft und eine Freudigkeit des Werdens breitet sich dann über Nähe und Ferne, die bis in die Glieder und die Seele des Wanderers mit hineinfließen, sie ganz durchflutend, von aller Erdenschwere und trüben Gedanken entlastend.«

Auch auf unserer Frühjahrstour bei den Quellwassern von Enz und Nagold ist diese »süßgeheime Sinnenlust« zu spüren, die uns in der neu gewandelten Welt so unwiderstehlich berührt. In den allmählich wieder erwärmten, mit leuchtendem Himmelsblau gefüllten Augen der einst bedeutenden Triftseen spiegeln sich die Kronen der hoch gewachsenen, schlanken Fichten und Tannen, und »an den Abhängen glitzert es überall wie gewundene Silberadern von rieselnden, hüpfenden, lichtspielenden Quellen«.

Auf der leichten, auch für ausdauernde Kinder geeigneten Runde durch rauschende Bachtäler und über die ausgedehnten Hochflächen des Nordschwarzwaldes, bis zu 400 Meter über dem Tal der Murg, bleibt viel Zeit zum Schauen und Erholen.

Auf dem Schwarzwald-Mittelweg

Durch den hochgelegenen Luftkurort **Besenfeld,** einen Ortsteil der siebenteiligen Gemeinde Seewald, führte einstmals eine Römerstraße, der »Alte Weg«. Geht man von der Bushaltestelle beim Rathaus zum Frisiersalon, trifft man auf den anschließend abzweigenden, geteerten Wirtschaftsweg Richtung Poppeltal.

Es ist dies der Mittelweg, der die Hochfläche auf der Ostabdachung des Schwarzwaldes von Waldshut nach Pforzheim überquert.

Die Route wechselt nach der Blöße, die den Dorfflecken umgibt, in einen Forstweg. Der weiße Balken in roter Raute weist uns stets zuverlässig den Weg zum **Neuhaus** »Auf dem Berg«, auch Forstrat-Ebert-Hütte genannt. Die kaum spürbare, meist schattige Steigung bietet sich auch als ideale Tour für heiße Sommertage an. Auf dem angenehm stillen Waldkurs lässt sich's vorzüglich von den großen und kleinen Sorgen des Alltags abschalten. Im Nordwesten schließt sich der Murgschifferschaftswald an. Die im 14. Jahrhundert gegründete Murgschifferschaft hatte in Gernsbach im unteren Murgtal ihr Zentrum.

Der vom offenen Waldarbeiterhüttchen nach Gompelscheuer beschilderte Kurs behält das gewohnte Zeichen bei, doch die Grundfarbe ist jetzt blau. Kurz nach der folgenden Gabelung ist auf die markierte Abzweigung zu achten. Der sanft talwärts führende, vergnügliche Pfad mündet in einem Bachtal in einen Forstweg. Zuletzt geht's auf einem Waldweg zum dreieckförmigen **Kaltenbachsee.**

Den ehemaligen Treibsee mit dem ursprünglichen Holzdamm hat man im späten 18. Jahrhundert zu Zwecken der Flößerei errichtet. Für den Enzscheiterfloz konnte aus dem See das für das Scheiterholzflößen benötigte Schwellwasser abgelas-

Der Kaltenbachsee war einst ein bedeutender Triftsee.

sen werden. Ab Gompelscheuer wurde bis Ende des 19. Jahrhunderts geflößt. Ohne diese Schwallungen wäre das Verflößen von Scheiter- und Stammholz auf so kleinen Flussläufen wie der Enz nicht möglich gewesen. Der Wanderer-Unterstand diente ursprünglich als Speicher für die Flößerei.

Ein Forstweg leitet uns nun anfangs deutlich bergab, am rauschenden Kaltenbach entlang zur Talgabel in **Gompelscheuer.** Dort lässt die für manchen fast erdrückend wirkende Waldweite mehr Sonnenlicht

*An der Verbindung von Kaltenbach
und Poppelbach erblickt die Enz
das Licht der Welt.*

herein. Landwirtschaftliche Grünflächen verleihen dem weltentrückten Dörfchen einen freundlichen Charakter. Kühe weiden gemeinsam mit ihren Kälbern und einem kraftstrotzenden Stier. Der Bauer fährt mit einem tuckernden Miniatur-Traktor den Grasschnitt ein, nur ein paar Gabeln voll – ohne jede Eile.

Die Zeit scheint in Gompelscheuer ein wenig stehen geblieben zu sein. Doch keineswegs zum Nachteil. In der Ortsmitte sprudelt aus einem kleinen Wiesenhang die Quelle der Großen Enz. Diese gesellt sich zum Zusammenfluss von Poppelbach und Kaltenbach.

Wir queren beide Bäche und halten uns an der Verzweigung zweier Wanderrouten an den wiederum mit weißem Balken in blauer Raute bezeichneten Forstweg Richtung Poppeltal. Auf dem ansteigenden Kurs gerät unser Kreislauf heute zum ersten Mal in Trab. Ab einer Kreuzung nehmen wir den markierten Waldweg am Berghang entlang. Nach einem leicht fallenden Abschnitt treffen wir in **Poppeltal** ein, einem köstlich versteckten Schwarzwald-Weiler. Dort bekommt der hungrige Wanderer in der Poppelmühle Forellenspezialitäten serviert.

Es folgt ein kleiner Kreisstraßenanstieg. Am Ortsende dirigiert uns der Wegweiser »Poppelsee« über die Brücke des Poppelbachs. Auf einem Forstweg spazieren wir an einer Riesenrutschbahn vorbei und setzen den Talaufstieg fort. Dieser wechselt im weiteren Verlauf in den teils felsdurchsetzten Wanderweg zum länglichen Poppelsee mit Unterstand.

Dieses ebenfalls für die Flößerei errichtete Gewässer ist noch etwas älter als der Kaltenbachsee. Es hatte ursprünglich die doppelte Größe, da die Dammkrone deutlich höher lag. Von den insgesamt vier Schwallungen im Gebiet des oberen Enztals war die Poppelsee-Schwallung die größte. Man sollte sich die Stimmung dieses märchenhaften Seespiegels auf einem herrlichen Uferabstecher nicht entgehen lassen.

Unser schmaler Weg ist jetzt Richtung Urnagold ausgeschildert. Hinauf zum Brückleshau steigt der verschwiegene Kurs nur noch leicht. Dabei kann man wieder die herrliche

Schwarzwaldruhe genießen. Wir treffen in Urnagold mit seinen alten Häusern ein. An der sehenswerten Tauf- und Wehrkirche drängt sich noch der Besuch der Nagoldquelle auf. Man wendet sich einfach kurz bergab zum Ortsrand und nimmt die Wiesenspur am Wald entlang zum offiziellen Ursprung der Nagold. Auf gemütlichen Bänken lauscht man der leisen Melodie der Quellbäche, die hier entspringen. Die eigentliche Quelle versteckt sich ein Stück oberhalb. Über Schorrental strömt das jugendliche Flüsschen, von nur wenigen seitlichen Zuflüssen unterstützt, hinunter nach Erzgrube, wo seine Wasser die Nagoldtalsperre füllen.

Ein weiterer bedeutender Fluss entwässert diese einsame Höhenregion. In der nahe gelegenen Waldung

In Gompelscheuer spürt man noch den Atem der »guten alten Zeit«.

namens Wulzenteich entspringt der Poppelbach. Er gilt als wichtigster Quellbach der entgegen der Nagold nordwärts strömenden Enz.

Vom Gasthof Nagoldquelle bringt uns der Gehsteig der B 294 zurück nach **Besenfeld.**

Tourensteckbrief

Besenfeld (800 m) – Neuhaus (885 m) – Kaltenbachsee (760 m) – Gompelscheuer (680 m) – Poppeltal (710 m) – Besenfeld (800 m).
Ausgangsort: Besenfeld, Ortsteil der Gemeinde Seewald, zentraler Nordschwarzwald, Rathaus (800 m). Busverbindung von Schönmünzach (an der Murgtalbahn).
Routenlänge: 16 Kilometer.
Gehzeit: 4 $\frac{1}{2}$ Stunden.
Höhenunterschied: 300 Meter.
Wege: Bestens bezeichnete Forst- und Wanderwege, kurze Pfadabschnitte, zuletzt Gehsteig der Bundesstraße. Problemlose Anstiege.
Einkehrmöglichkeiten: In Gompelscheuer, Poppeltal und Urnagold.
Für Kinder geeignet: Ja.
Auch als Radtour zu empfehlen: Nein.
Karte: Wanderkarte des Landesvermessungsamtes Baden-Württemberg, Blatt 3 »Bad Wildbad – Freudenstadt«, Maßstab 1 : 50000.

Versteckte Karseen überm Murgtal

Radwander-Paradies Nordschwarzwald

Baiersbronn bei Freudenstadt gilt als die größte Land-gemeinde Baden-Württembergs. Von hier aus lässt sich eine Vielzahl von Radwanderungen und Mountainbike-Touren in allen Schwierigkeitsgraden durchführen. Als Zwischenziel unseres typischen Schwarzwald-Pedalerlebnisses steht der zauberhafte Sankenbach-Wasserfall auf dem Tourenprogramm, einer der bedeutendsten Wasserfälle des nördlichen Schwarz-waldes. Vom Luftkurort im oberen Murgtal streben wir dem weitgehend unbesiedelten Buntsandstein-Dach des Nord-schwarzwaldes entgegen. Eine besondere Art Naturdenkmäler sind unterhalb des Hochplateaus mit seinen einsamen Moor-landschaften die insgesamt weit über hundert Kare, Relikte der Würmeiszeit, die vor rund 10 000 Jahren zu Ende ging.

Ein paar dieser sagenreichen, in beachtliche Steilhänge eingebetteten und einstmals durch die Gletscher ausgeschürften Bergwannen beinhalten noch ursprüngliche Karseen, die talseitig von einem Moränenwall abgedichtet werden, entstanden während des Rückzugs der Eismassen. Heute zählt man im Nordschwarzwald nur noch sieben natürliche Karseen. Die bereits verlandeten Seen oder Seebereiche bringen eine beachtenswerte, gebietsspezifische Flora hervor.

Die begeisternde und amüsante Kurverei über den 916 m hohen Vorderen Buchschollen setzt zwar ein bisschen Schmalz in den Waden voraus, ist aber durchaus auch von Gelegenheits-Radlern ohne großes Schweißvergießen zu meistern.

Ziel Sankenbachwasserfall

Als Ausgangspunkt wollen wir den Bahnhof in **Baiersbronn** wählen. Wir schieben nach dem Bahnüber-gang auf der Einbahnstraße über

Morgenstimmung am Sankenbachsee, einem Karsee bei Baiersbronn

die Sankenbachbrücke und steuern anschließend in die gleichnamige Straße. Im Landschaftsschutzgebiet steigt das Sträßchen bergan über Wiesen und vorbei an den Häusern von Sohlberg, hinein ins enge Waldtal. Ab dem letzten Anwesen des Weilers Sankenbach legt sich die Steigung auf dem mit blauer Raute markierten und mit »Sankenbachfälle« bezeichneten Forstweg deutlich zurück. Die Tretwerkzeuge verfallen in ein beschauliches Arbeitstempo. Schwarzwald-Genussradeln ist angesagt.

Hier braucht gewiss niemand lange, um sich mit dem Landschaftscharakter anzufreunden. Herber Harzduft, gedämpftes Bach-

rauschen aus der Talsohle, die wie in Zeitlupe im frischen Morgenwind tanzenden Baumwipfel. Schon nach den ersten Pedalumdrehungen auf der stillen Kiesrollbahn spürt der Radfan innere Zufriedenheit.

Frühmorgens, wenn die Waldflanken noch dem Schattenreich angehören und wir leicht fröstelnd in den Talschluss hinein steuern, gewinnen die Gedichtzeilen Bertolt Brechts an Kraft und Tiefe:

»Die schwarzen Wälder aufwärts
In das nackte böse Gestein
Es wachsen schwarze Wälder bis
In den kalten Himmel hinein.«

Nach einer merklichen Steigungsetappe haben wir den waldum-

Der Ellbachsee – ein Naturjuwel

schlossenen **Sankenbachsee** erreicht. Ein winziges Inselchen ziert die Mitte des idyllischen Bergauges. Der Karsee besitzt allerdings keinen natürlichen Moränenwall mehr. Durch einen künstlichen Wiederaufstau hat man 1981 versucht, dem bereits vor ein paar tausend Jahren verlandeten Gewässer sein ursprüngliches Aussehen zurückzugeben. Damit wurde allerdings der vormals wertvollen Botanik für immer der Garaus gemacht. Nur allmählich entwickelt sich im Laufe von Jahrzehnten in einem zweiten

Anlauf die typische Flora eines Verlandungsgebietes.

Wir rollen kurz zum Ende des Sees mit dem Rastplatz. Über steile, mitunter etwas felsige Wanderwegkehren mühen wir uns in etwa einer Viertelstunde zu Fuß am wilden Sturzbach empor zu dem zweistufig rund 40 m hoch über die Karwand stürzenden, prächtigen Schleier des Sankenbach-Wasserfalls. Wer möchte hier nicht die zugegeben etwas verfrühte Brotzeit auspacken und dabei dem klangvollen Naturkonzert lauschen?

Über den Vorderen Buchschollen zum Ellbachsee

Wieder im Sitzleder richten wir uns nach dem Wegweiser zur Roßkopfhütte und kurbeln mäßig steil bergan. Bei einem Hüttchen schwenken wir in das asphaltierte Forststräßchen Richtung Kniebis ein. Wir kommen zum Raiblesbrunnen. Auf weiterhin köstlich einsamer Route überwinden wir in recht angenehmer Steigung den überwiegend steilen Berghang. An der Wasserfall-Unterstandshütte gewinnt man einen reizvollen Seetiefblick. Von hier ist nochmals ein Fußabstecher zum Wasserfall möglich.

Es folgt eine weite Schleife. Auf einer kleinen Lichtung mit einer alten Buche zweigt am höchsten Punkt des Sträßchens rechts ein Forstweg ab. Nach dem kurzen Restanstieg orientieren wir uns bei der Wegspinne an der Beschilde-

Radlers »Tankstelle« am Wegesrand   *Im Dörfchen Mitteltal*

rung »Lamm« und lenken auf dem 916 m hohen, wenig ausgeprägten Vorderen Buchschollen, dem höchsten Punkt unserer Runde, wieder auf ein Teersträßchen. An der anschließenden Verzweigung halten wir uns Richtung Mitteltal und bekommen sogleich ordentlich den Fahrtwind um die Ohren zu spüren. Die anfangs neckisch rassige Haarnadelkurve lässt uns nochmals respektvoll in die Bremsen greifen. Dann können wir auf der begeisternden Sausefahrt getrost die Zügel lockern.

Wo ein Forstweg unseren Downhillkurs quert, zeigt ein Steinwegweiser auf die Abzweigung zum Ellbachsee. Ein Stück gleiten die Untersätze noch bergab, dann heißt es auf einem kleinen Gegenanstieg hinauf zum flachgründigen Waldseelein, das von einer riesigen Karwand flankiert wird, nochmals in die Pedale treten. Diese »Wand« ist jedoch nur so steil, dass Fichten und Tannen Halt daran finden.

Wollgrasbedeckte Schwingrasen nehmen die verbliebene, ringartige Wasserfläche des nahezu verlande-

Vom Murgtal-Wanderweg gewinnt der Radler reizvolle Rückblicke zu einer typischen Schwarzwald-Landschaft mit dunklem Nadelwald.

ten Ellbachsees in die Zange. Der Torfkörper legt immer mehr an Stärke zu. Ein Teil davon hat sich durch einen ehemaligen Aufstau vom Seeufer losgelöst und trägt als schwimmende Insel längst die ersten Bäume, herrlich leuchtende Birkengruppen. Der **Ellbachsee** ist als Naturdenkmal geschützt. Um die überaus empfindliche Vegetation nicht zu zerstören sowie die Tierwelt nicht zu beunruhigen, ist ein Betreten der Verlandungszone nicht erlaubt. Leidenschaftliche Fotografen erzielen mittels eines Teleobjektivs auch vom Weg aus ganz brauchbare Resultate.

Erlebnis Murgtal-Wanderweg

Zurück auf dem Sträßchen können wir unsere Traumabfahrt fortsetzen. Nur Fliegen kann schöner sein! Beim Parkplatz »Grünes Plätzle« sausen wir vollends hinunter zur Vereinigung des Guten Ellbachs mit dem Bösen Ellbach und treffen in **Mitteltal** ein. Über die Murgbrücke geht's hinein in den Dorfkern. Von hier könnte man sich kurzfristig noch murgaufwärts für einen Besuch der nahe gelegenen, auf einem Felsen thronenden Ruine Tannenfels, ehemals Raubritterburg, am Nordosthang des Burgkopfs entschließen.

Vor der Zeit der Eisenbahn wurde im Frühjahr die Kraft des von Schmelzwassern angeschwollenen Flusses genutzt, um die durch rigoroses Abholzen gewonnenen Schätze des Schwarzwaldes mittels der Trift hinaus in die Städte zu transportieren. Die stattlichen »Holländer«, die am schönsten gewachsenen Tannenstämme, flößte man auf den Schwarzwaldflüssen zum Rhein und weiter nach Holland. Dort benötigte man das Schwarzwald-Holz zum Schiffsbau und für die typische Amsterdamer Architektur.

Bei der Kreissparkasse treten wir auf dem Eulengrundweg empor zur sehenswerten Sandsteinkirche. Am Ortsende weist uns das Wandertäfelchen Richtung Baiersbronn in den Labbrunnenweg. Das sonnige Sträßchen, auch als Murgtal-Wanderweg bezeichnet, beschert nach einem kräftigen Aufschwung, am Hang entlang verlaufend, schöne Rückblicke auf die runden Waldeshöhen des oberen Murgtals. Eine typische Schwarzwaldlandschaft. Der herrliche Panoramaweg schließt am Fuße des Rinkenkopfs den sportlichen und dennoch unbestritten er-

holsamen Entdeckungskurs. Oder sollte man zu guter letzt noch zum Aussichtsturm auf dem Rinkenkopf hochkurbeln, um den herrlichen Rundblick zu genießen? Nebenan fände man auch noch die Reste einer Befestigung.

Tourensteckbrief

Baiersbronn – Sankenbachsee (5 km) – Ellbachsee (10 km) – Mitteltal (6 km) – Baiersbronn (6 km).
Ausgangsort: Baiersbronn im Nordschwarzwald, nördlich von Freudenstadt, Bahnhof (550 m). Zugverbindung von Stuttgart.
Routenlänge: 28 Kilometer.
Fahrzeit: 3 Stunden, Sankenbach-Wasserfall zu Fuß insgesamt $^1/_2$ Stunde.
Höhenunterschied: 480 Meter.
Straßen und Wege: Forstwege und verkehrsfreie Sträßchen mit einer langen, aber keinesfalls überfordernden Steigung, zum Wasserfall steiler Wanderweg. Mountainbike vorteilhaft.
Für Kinder geeignet: Nein.
Auch als Wanderung zu empfehlen: Ja.
Karte: Wanderkarte des Landesvermessungsamtes Baden-Württemberg, Blatt 3 »Bad Wildbad – Freudenstadt«, Maßstab 1: 50 000.

Winterstille im dunklen Tann

Das Kinzigtal halbiert den Schwarzwald

Die bei Loßburg entspringende Kinzig teilt den aus Granit und Gneis aufgebauten Mittelschwarzwald in Ost-West-Richtung und gilt somit auch als Trennlinie zwischen Nord- und Südschwarzwald. Schon die Römer erkannten die Bedeutung des Kinzigtals als Verkehrsader: Bereits im Jahr 74 n. Chr. bauten sie eine Militärstraße von Straßburg nach Rottweil.

Doch bevor die jungfräuliche Wasserader in Schenkenzell die kleine Schwester Reinerzau aufnimmt, scharen sich in der engen Talkerbe, gänzlich von weiten Tannenwäldern umgeben, die Häuser des Städtchens Alpirsbach zusammen. Wer zur kalten Jahreszeit hierher an den Südrand des württembergischen Schwarzwaldes kommt, findet die alte Beschreibung, dass der Schwarzwald »ein rauh, bergig und winterig Land ist, das viel Thannwäld hat«, aufs eindringlichste bestätigt. Da der Talbereich zwischen Schiltach und Alpirsbach jedoch nur 300 bis gut 400 Meter Seehöhe beträgt, bietet sich dieses Gebiet für Naturmenschen mit Leib und Seele durchaus auch in schneearmen Wintermonaten zum Wandern an. Man kann sich dabei getrost auch

ein wenig die Talflanken empor wagen wie etwa auf dem im Folgenden vorgestellten, leichten und durchweg gut bezeichneten Ostweg.

Ja, gerade in der großen Winterstille »offenbart sich der innerste geheime Zauber des Schwarzwaldes, eine Welt so besonderster Eigenart, wie sie sich kaum irgendwo wieder findet und dadurch Anspruch gewinnt, den stolzen Alpen an die Seite gesetzt zu werden«. Allerdings gilt es in dieser Jahreszeit, viel mehr noch als im Sommer, aufmerksam auf die Wegmarkierungen zu achten. Leicht könnte es dem oberflächlich Dahinschreitenden sonst ähnlich ergehen wie dem Wanderer im alten Schwarzwaldbuch von Wilhelm Jensen:

»Ein Stück weit kommst du fast rascher vorwärts, als du selbst ge-

Rötenbach bei Alpirsbach sehen wir bei dieser Wanderung gleich zweimal.

*Der abgelegene Bauernhof
Waldenbrunn bei Schenkenzell*

dacht; aber dann fängt deine Brust
doch an nach Luft zu ringen, das
Herz hämmert, und die Sache wird
immer schwieriger. Denn die Stein-
brocken wachsen immer mächtiger,
bald musst du hinüber, bald dich
seitwärts durch enge Zwischenklüf-
te mit knietiefem Moos, Adlerfarn
und breitem Lattig mühselig durch-
quetschen, oft beinahe senkrecht
empor. Nun ausweglos Gerank und
Gezack und Geklipp. Du klammerst
dich fest, verlierst den Halt, strau-
chelst, gleitest, stürzst ...«

Ostweg-Eindrücke

In der einstigen Klosterstadt **Alpirsbach,** heute Luftkurort, treffen mehrere Weitwanderwege zusammen,
so beispielsweise der bereits erwähnte, von Freudenstadt kommende und
Pforzheim mit Schaffhausen verbin-
dende Ostweg mit dem hier enden-
den Querweg von Gengenbach. Die
ursprünglich romanische, dreischif-

fige und flachgedeckte Säulenbasili-
ka des ehemaligen Benediktinerklos-
ters, deren Turm beim spätgotischen
Umbau erhöht wurde, zeigt sich in-
nen auffallend stilrein: strenge Hir-
sauer Baukunst. Den Kreuzgang der
Klosteranlage erfüllen während der
Sommermonate die beliebten Kam-
merkonzerte. Gestiftet wurde der
Bau 1095 durch Rutmannum von
Husin, Adalbertum von Zollern und
Graf Allevvicum von Sultz.

　Wir brechen am Bahnhof auf
und queren beim Haus des Gastes
die Hauptstraße. Die Friedrich-Wid-
man-Straße bringt uns zum Wirtshaus Schwanen-Post. Auf einer alten Steinbrücke wechseln wir das
Kinzigufer und beachten an einem
schönen Fachwerkhaus den Wanderwegweiser »Rötenbach« des Ost-
wegs. Weiter geht's auf dem mit
schwarz-roter Raute markierten
Gutleutweg. Das nur anfangs steigende, schmale Einbahnsträßchen
führt uns gemütlich an den Hanglagen entlang nach **Rötenbach.**

　Dort nehmen wir kurzzeitig mit
der Straße Richtung Rötenberg vorlieb, bis uns das gewohnte Zeichen
in den Friedhofweg weist. Nach der
Rötenbachbrücke kommt man auf
einem recht steilen Anliegersträßchen zum ersten Mal ins Schwitzen.
Die grimmige Steigung legt sich
Gott sei Dank bald zurück. Mit hübschem Rückblick auf die Taleinmün-
dung des Rötenbachs gelangen wir
zur Einöde Adelsberg.

　Anschließend wechselt die Route
in einen undeutlicher werdenden,

flachen Feldweg. Auch der daraufhin ansetzende, bequeme Forstwegkurs ist stets vorbildlich bezeichnet. Der badische schwarze Wald hat uns aufgenommen. Außer einem in den Altschneefeldern verkrusteten Traktorprofil nur hier und dort Wildspuren. Fallende Tannenzapfengeripppe von emsig durchs Gezweig huschenden Eichhörnchen. Sonst ringsum eindringliche Stille.

Bei einem Fischteich schreiten wir in einem Seitental über ein munteres Bächlein. Wenig später sprudelt eine frische Quelle aus dem Berghang. Nach dem Anwesen Dachsloch wird die wohltuende Waldesruhe im Weiler **Fräulinsberg** mit kleinem Damwildgehege kurz durch ein laut schallendes Hundegebell unterbrochen. Doch nach ein paar Schritten verklingt die zu verschmerzende Geräuschkulisse der bescheidenen Zivilisation auch schon wieder, und bei der Einöde Kegelriss tauchen wir erneut für längere Zeit im dunklen Tann unter. Ein losgelöstes Lustwandeln wie in einer längst vergangenen Zeit.

Nach der Querung eines weiteren quicklebendig niedertanzenden Seitental-Bergbachs passieren wir den abgeschiedenen Bauernhof Müllerswald. In **Holzebene** benützen wir ein verkehrsfreies Strässchen bergauf zum etwas abseits der Route, am Ortsrand gelegenen Naturfreundehaus der Ortsgruppe Oberndorf. Bald darauf verlassen wir nach einem Pensum von mittlerweile bereits zehn Kilometern an der Verzweigung auf dem höchs-

Nach kurzem Pfadaufstieg erreicht der Wanderer die Burg Schenkenzell.

ten Punkt der Tour (610 m) den Ostweg und spazieren talwärts am bewahrten, alten Bauernhof Waldenbrunn vorbei und im Tälchen des Egenbachs zum pompösen Hotel Winterhaldenhof. Was für zwei gegensätzliche Welten!

Die Burg in der Kinzigschleife

Gleich an der Kinzigbrücke beim Ortsbeginn von **Schenkenzell** lenkt uns der Wanderwegweiser auf einen zwischen der Bundesstraße und dem Fluss verlaufenden Fußweg,

Die Kinzig nach dem Zusammenfluss mit ihrer kleinen Schwester

der zum Felssporn der bereits sichtbaren Burg Schenkenzell führt. Ein Bahntunnel durchbohrt den Berghals. Die Einheimischen nennen den in einer Schleife der Kinzig angesiedelten ursprünglichen Sitz der Edelknechte Hulwar Schenken von Zell einfach die Schenkenburg. Bei der Burg-Pizzeria steigen wir auf einem reizvollen Mischwald-Pfad bergauf zu den ansehnlichen Mauerresten der Ruine, wo uns ein herrlicher Talblick erwartet.

Nicht mehr weit wäre es nun hinein nach Schiltach, Station des von Pforzheim nach Waldshut verlaufenden Mittelwegs und einst Hauptsitz der Kinzigflößerei. Wie in so vielen Schwarzwaldstädten, so hat auch der Schiltacher Feuerteufel einst gnadenlos zugeschlagen. Die Chronik berichtet, dass die Stadt am 10. April 1533 binnen einer Stunde völlig abgebrannt ist. Doch damit nicht genug, im Jahr 1590 blieben

nach einer weiteren Feuersbrunst nur die Kirche und das Haus des Predigers stehen.

Zurück in Schenkenzell, wo sich die Kleine Kinzig herbeigesellt, finden wir bei der Kirche die Wanderroute entlang der westlichen Talseite nach Alpirsbach. Es handelt sich dabei um einen Abschnitt des tausendjährigen Kinzigtäler Jakobuswegs, der von Horb nach Kehl am Rhein führt.

Und noch auf einen weiteren Wanderweg stoßen wir hier. Es ist der in Schenkenzell beginnende und mit zahlreichen Wegtafeln ausgestattete, hinauf nach Schapbach steigende Hansjakob-Weg 1. Er informiert über die verschiedenen Figuren in den Werken des Pfarrers und Schriftstellers Heinrich Hansjakob. Würde man dieser ebenfalls empfehlenswerten Wanderroute folgen, käme man schon nach einer Gehstunde zum ehemaligen Kloster

Wittichen. Die fromme Einsiedlerin Luitgarde begründete das Gotteshaus im Jahre 1290 auf eine innere Stimme hin »mit einem Heller im Vermögen«. Den Rest erbettelte sie sich wandernd zusammen. Mit Luitgarde hängt auch »das größte Wunder, das je geschehen« zusammen. Als man nämlich 1629 ihre Gruft öffnen ließ, war selbst zur Überraschung der weisesten Doktoren ihr Gehirn vollständig erhalten geblieben. Berichten zufolge muss es hinter den Klostermauern allerdings nicht immer sonderlich christlich zugegangen sein. Von allerlei Untugenden und Lastern, ja sogar von Verbrechen ist die Rede.

Am Ortsende kreuzen wir die Bundesstraße und folgen den Spuren der Flößer. Die Verbindung zur Camino-Route in Nordspanien kann durch verschiedene Hinweise wieder aufleben. Früher marschierten hier die Jakobuspilger durch den Schwarzwald. Auf dem überwiegend geteerten Rad- und Wanderkurs genießen wir wieder die Waldesruhe bergan zum Weiler **Reilinsberg,** wo ein Grenzpfosten auf die historische württembergisch-badische Grenze aufmerksam macht. Die Scheidelinie war lange Zeit auch Konfessionsgrenze zwischen Protestanten und Katholiken.

Von Ortsteil Rötenbach leitet die Radweg-Markierung auf der westlichen Talseite zuverlässig zurück nach **Alpirsbach.**

Tourensteckbrief

Alpirsbach (430 m) – Rötenbach (410 m) – Fräulinsberg (530 m) Holzebene (550 m) – Schenkenzell (361 m) – Reilinsberg (460 m) – Alpirsbach (430 m).

Ausgangsort: Alpirsbach, Mittlerer Schwarzwald, Bahnhof (430 m). Zug von Stuttgart über Freudenstadt.

Routenlänge: 23 Kilometer.

Gehzeit: 6 Stunden.

Höhenunterschied: 400 Meter.

Wege: Vorbildlich bezeichnete Forstwege und verkehrsfreie Sträßchen, mehrere meist nur mäßige Anstiege.

Für Kinder geeignet: Nein.

Auch als Radtour zu empfehlen: Ja, auch für Kinder.

Einkehrmöglichkeiten: In Rötenbach, in der Burg-Pizzeria und in Schenkenzell.

Karte: Wanderkarte des Landesvermessungsamtes Baden-Württemberg, Blatt 5 »Freudenstadt – Schramberg«, Maßstab 1 : 50 000.

Am großen Nagoldbogen

Auf Schusters Rappen im Hecken- und Schlehengäu

Bei Nagold geht der tannendunkle Nordschwarzwald in die freundliche, offene Landschaft des Hecken- und Schlehengäus über. Das gleichnamige Flüsschen wechselt hier, von Altensteig kommend, seinen Südostkurs und strebt nordwärts der Enz zu, nach Calw und Pforzheim. So kommt es, dass der Wanderer auf einer Tour von der Burgruine Hohennagold über die Höhen des großen Nagoldbogens nach Mindersbach gleich zu beiden Seiten von den Talzügen der Nagold begleitet wird.

Zwei weitere Haupttäler, die von der Waldach und der Steinach durchströmt werden, münden hier ein und tragen ganz wesentlich zum lebendigen Erscheinungsbild dieser Wanderregion bei. Durch die geschützt gelegene Stadt, schon 773 als Villa Nagaltha erwähnt, verläuft auch der knapp hundert Kilometer lange Gäurandweg von Mühlacker nach Schopfloch. Weitaus kürzer dagegen fällt der städtische Ameisenlehrpfad Buch aus, der Schutz und Vermehrung von Waldameisennestern zum Thema hat.

Unser bequemer, mit regenerativer Waldesruhe nicht gerade geizender Rundwandervorschlag ist als Erholungstour gedacht und eignet sich, da er die 500-Meter-Höhenmarke nur unbedeutend überschreitet und keinerlei anspruchsvolle Passagen beinhaltet, ohne weiteres auch für die Wintermonate Zudem trägt die Wegeauswahl, fast durchweg Fahrwege und Ortsstraßen, dazu bei, dass kein unnötiger Stress aufkommt.

Über der Stadt der vier Täler

Erst mal geht's vom **Nagold**er Bahnhof bergab in den historischen Stadtkern, der von ansprechenden Reihen schöner Fachwerkhäuser gestaltet wird. An der evangelischen Kirche folgen wir der Kirchstraße, später der Turmstraße und schwenken links in die Marktstraße ein. Beim Rathaus aus dem Jahre 1500 mit Arkadenhalle und Marktbrunnen wählen wir die Badgasse.

In Nagold, so erzählt man sich, soll die Geduld des Herzogs Carl Eugen einst hart auf die Probe gestellt worden sein. Als sich »Carlherzich«, wie das Volk den mächtigen Herrscher nannte, nach einem Besuch des Oberamtes während eines Mittagmahls in der »Post« der lästigen Fliegen nicht mehr erwehren konnte, ließ er für die nervigen Plagegeister einen eigenen Tisch decken. Doch zu seinem Entsetzen war das unverschämte Fliegenvolk trotz aller Befehlsgewalt nicht dazu zu bewegen, den Tisch zu wechseln.

Eine Fußgängerbrücke trägt uns erst über die Waldach und anschließend über die Nagold. Von hier wäre es nur ein Viertelstündchen zur weithin bekannten Remigiuskirche auf dem Frankenbühl, der evangelischen Friedhofskirche. Im Bereich des im 8. Jahrhundert errichteten Gotteshauses befand sich einst eine römische Villa sowie eine spätmerowinger-karolingerzeitliche Siedlung mit einem so genannten Königshof. Der Chorbogen der Kirche mit sehenswerten alten Wandmalereien wird von Eckpfeilern eines römischen Gutshofes getragen.

Wenige Meter links des Nagold-Spielplatzes kann man den Historischen Steingarten bewundern. Die grüne Raute des Gäurandwegs weist uns nun auf einen in kraftsparenden Windungen durch

In der Altstadt von Nagold

den Wald ansteigenden Wanderweg. Das Naturschutzgebiet Heiligkreuz und Schlossberg gilt als wichtiger Lebensraum zahlreicher gefährdeter Pflanzen und Tiere. Während der Wandersaison gedeihen hier der Aronstab und die Akelei, der Türkenbund und die Ästige Graslilie sowie der Rotblaue Steinsame. Der Schwarzspecht klopft, Kleiber und Abendsegler beleben den Hangwald. Siebenschläfer huschen durchs Gebüsch, und Eidechsen rascheln im Laub.

Zielstrebig steigen wir weiter bergwärts. Man darf sich durch das recht verwirrende Überangebot an Wegen und Abkürzungen nicht aus der Ruhe bringen lassen. So wie alle Wege nach Rom führen, leiten auch alle Fährten irgendwann mal unweigerlich empor zur Ruine **Hohennagold.** Der schmale Bergschopf war bereits zur Bronzezeit besiedelt. Die ursprüngliche Befestigung geht bis auf die Hallstattzeit zurück. Die von einer mächtigen Schildmauer eingefasste Burg ließen die Pfalz-

Im Dorfkern von Emmingen

grafen von Tübingen wahrscheinlich im späten 11. Jahrhundert erbauen. Der stolze Bergfried und der Wasserturm stammen allerdings aus späterer Zeit. Die Trümmer von Burg und Vorburg zählen zu den statt lichsten des gesamten württembergischen Schwarzwaldes.

Die Aussichtsplattform eröffnet einen umfassenden Tiefblick auf die Stadt. Auch die Schau über die nähere Umgebung der Gäulandschaft will gebührend inspiziert sein. Kein Wunder, wenn man hier angesichts der landschaftlichen Augenweide den geplanten Weiterweg vergisst. Auf der anderen Nagoldseite befindet sich an der Straße nach Freudenstadt der restaurierte Grabhügel

Krautbühl. Man nimmt an, dass die fast fünf Meter hohe Ruhestätte mit einer ansehnlichen Ausdehnung von rund fünfzig Meter auf einen Herrscher aus dem 5. Jahrhundert vor Christus zurückgeht, der auf dem Schlossberg regierte.

Unbeschwerte Höhenwanderung

Über den Höhenzug an der Eibenhütte vorbei, einem Unterstand, folgen wir auf einem Forstweg weiterhin der grünen Raute. Beim Waldrand benützt die Fernwanderroute ein Stück weit eine schmale Straße. An einer Straßenteilung verlassen wir rechts den markierten Kurs und wählen beim anschließenden Wanderparkplatz den kurz darauf mit »Mindersbach« beschilderten, mittleren der drei ansteigenden Forstwege über den jetzt breiteren Härle-Bergrücken.

Auffallend still ist es geworden. Die Spaziergänger aus der Stadt sind längst umgekehrt. Ohne weitere nennenswerte Steigung geht man in dem ausgedehnten Waldgebiet einfach immer der Nase nach. In **Mindersbach** könnte man einen Abstecher zum nahen Naturschutzgebiet beiderseits des kleinen Bachtals einlegen, das hinunter nach Ebhausen im Nagoldtal führt. Dort steht die bedeutende Marienkirche. Der Sprengel dieser frühen Mutterkirche reichte bis hinauf in den zentralen Nordschwarzwald. Bei Ausgrabungen stieß man auf Mauerreste einer bereits um 700 errichteten Kapelle, der Ersten der drei Vorgängerbauten.

Nach der Mindersbacher Kirche entscheiden wir uns links für die Weinstraße und nehmen das kaum befahrene Sträßchen Richtung Pfrondorf. Vor der scharfen Kurve biegen wir auf den mit blau-gelber Raute bezeichneten Waldweg ab. Zuletzt auf einer Wiesenspur talwärts spazierend, erreichen wir **Pfrondorf.** Wo die Gartenstraße abzweigt, kürzt ein Wanderpfad die Straßenkehre hinunter zur Nagold ab. Ein Fußgängerweg quert die Bundesstraße Calw–Nagold und den Fluss. Er bringt uns mit einem längeren Gegenanstieg zum Nachbarort

Die Burgruine Hohennagold

Emmingen. In dem schmucken Dorf mit bemerkenswerten alten Gebäuden lohnt es sich, ein wenig Umschau zu halten. Besonders augenfällig ist auch der einfallsreiche Holzwegweiser zur Metzgerei.

Wir folgen der weiterhin steigenden Straße Richtung Oberjettingen. Am Ortsende weist die Rauten-Markierung in die Faltergasse. An einer bald darauf auftauchenden Ruhebank zweigt ein Anliegersträßchen ab. Wo dieses im Wald untertaucht, drängt sich der zusätzliche Besuch des Aussichtsturms auf dem Kühlenberg auf. Der zur Umspannstation umfunktionierte einstige Wasserturm selbst ist zwar verschlossen, doch die an klaren Tagen traumhaften Fernblicke über den Schwarzwald und das Neckarland zur Schwäbischen Alb sind dennoch verlockend.

Wir folgen vom Eintritt in den Wald dem ebenfalls mit gelb-blauer Raute markierten Waldweg am Sportplatz vorbei. Nach dem Kreuzen der Kreisstraße Richtung Oberjettingen geht's kurz auf einem Pfad bergab zu einem Forstweg mit hübschem Dorf-Tiefblick, dem Herbert-Beilharz-Weg. Die nun ansetzende geruhsame Schlenderei führt stets an Waldhängen entlang, bis uns die Raute talwärts auf einen alten Ziehweg dirigiert. Wir erreichen den Weiler **Rötenbach.**

Gleich am Ortsanfang kurbelt ein breiter Forstweg ein letztes Mal für heute unseren Kreislauf an. Dann treffen wir nach einer Schleife am so genannten Eisberg wieder in **Nagold** ein. Wem der beschauliche Rundkurs gefallen hat, der wird gerne Ende April, wenn die ersten Buchen grünen und die Schlehen blühen, zum Wandern an den Gäurand zurückkehren oder vielleicht lieber mit einem Leihboot ein Stück dem Lauf der Nagold folgen.

Tourensteckbrief

Nagold (420 m) – Burgruine Hohennagold (520 m) – Mindersbach (536 m) – Pfrondorf (453 m) – Emmingen (454 m) – Rötenbach (470 m) – Nagold (420 m).

Ausgangsort: Nagold im Hecken- und Schlehengäu, Bahnhof (420 m). Zugverbindung von Stuttgart und Pforzheim.

Routenlänge: 19 Kilometer.

Gehzeit: 5 Stunden.

Höhenunterschied: 400 Meter.

Wege: Überwiegend gut bezeichnete Forstwege und kurze Wanderwegabschnitte, im Ortsbereich Straßen. Nur wenig anstrengende Steigungen.

Für Kinder geeignet: Nein.

Auch als Radtour zu empfehlen: Ja, auch für Kinder.

Einkehrmöglichkeiten: In Mindersbach, Pfrondorf und Emmingen.

Karte: Wanderkarte des Landesvermessungsamtes Baden-Württemberg, Blatt 3, »Bad Wildbad – Freudenstadt«, Maßstab 1: 50 000.

Mit Muße durchs Obere Gäu

Entlang der Glatt
zwischen Nordschwarzwald und Albvorland

In der welligen Muschelkalk-Keuper-Landschaft des Oberen Gäus locken neben dem schwarzwaldnahen, mit weiten Ausblicken überraschenden Hochland vor allem die erlebnisreichen Tiefen. Die verträumten Talbiegungen des Glattflüßchens etwa, das dem Neckar zuströmt, laden ein zu einem beschaulicheinsamen Frühlingsausflug mit dem Fahrrad.

»Die Lerchen sah ich aus den Furchen steigen; ich hörte ihr jubelndes Lied, das sich im Himmelsblau verlor, und ich hörte den Bussard schreien, der auch den lichten Morgen lobt auf seine Weise, und der dazu die ruhevollen Kreise zieht.« So schildert die Schriftstellerin Auguste Supper in einer ihrer anschaulichen Schwarzwaldgeschichten die morgendliche Stimmung auf dem Hochacker.

Stille Radwege verbinden die kleinen Dorfflecken. Eine Route, auf der die Drahtesel fast von allein ins Rollen kommen. Auf der ausgewählten Rundtour geht es nur einmal bergauf, dann allerdings richtig. Der Rückweg, der die Hochäcker hinüber ins Dießental überquert, fordert so manchen Schweißtropfen ab.

Als Startpunkt bietet sich das reizvoll in einem von Waldeshöhen umschlossenen Talkessel gelegene Neckarstädtchen Horb an. Hier berühren wir den von Nagold kommenden, etwas abseits des Neckartals verlaufenden Heidelberg-Schwarzwald-Bodensee-Radweg, der weiter nach Rottweil führt.

Calcium-Natrium-Sulfat-Wasser für die Radpulle

Das von einem mittelalterlichen Stadtkern geprägte **Horb** wartet mit einer Reihe von Sehenswürdigkeiten auf. Als Beispiele seien genannt: die historische Stadtbefestigung, das schmucke Rathaus mit Fassadengemälde, der Marktplatz mit seinen

Das hübsche Neckarstädtchen Horb

Fachwerk- und Giebelhäusern oder etwa der Renaissancebrunnen und das Steinhaus, das Heimathaus und die Stiftskirche mit der Horber Madonna. Hinter der Güterabfertigung des Horber Bahnhofs lenkt uns der Radwander-Wegweiser »Neckartalweg« auf ein zügiges Wirtschaftssträßchen. Zwischen Bahn und Fluss genießt man die entspannende Fahrt durch das schmale Wiesental des Neckars. Genau der richtige Tourenauftakt für die noch morgenmüden Knochen.

Der gewohnte Wegweiser dirigiert uns in **Dettingen** auf eine ebenfalls flotte Fahrradroute entlang der anderen Neckarseite. Nach der Kläranlage verlassen wir den bezeichneten Kurs und folgen einem anfangs steigenden Forstweg in ein Seitental. Der Weg folgt neben der Straße der Glatt, die etwas weiter östlich in den Neckar mündet. Der Verkehr unter uns ist nur gedämpft zu hören.

Durch ein erholsames Mischgehölz erreichen wir das Dorf **Glatt.** Der ansprechende Erholungsort zeichnet sich durch ein Schonklima aus. Die Beschilderung zeigt uns den Weg zum Wasserschloss. Das aufwendig restaurierte Dreiflügelbauwerk mit vier Ecktürmen im Renaissancestil wird ringsum von einem Wassergraben umschlossen; die vierte Seite wird von der verbliebenen mittelalterlichen Schildmauer abgeschlossen. In der großen Hofanlage befindet sich auch ein Bauernmuseum.

Durstige Radwanderer werden zudem erfreut die erfrischende Sankt-Gallus-Quelle erspähen. Wie wär's mit einer ordentlichen Trinkkur? Das bekömmliche Calcium-Natrium-Sulfat-Wasser ist in unbegrenzten Mengen kostenlos zu haben. Wer würde da nicht dankbar zugreifen? Der Quellname bezieht sich auf die spätgotische Pfarrkirche Sankt Gallus.

Am Glattflüßchen auf dem Radwanderweg nach Hopfau

Kulturelles Highlight: das Wasserschloss in Glatt

Mit gefüllter Radpulle setzen wir die Fahrt fort. Beim Brunnen neben dem Eingang fallen noch zwei alte Hänge-Eschen ins Auge, echte Relikte aus einer anderen Zeit. Oberhalb des Schlosses finden wir anschließend wieder das Fahrradsymbol. An der Kirche zeigt uns das Radwanderschild »Bettenhausen« den Weiterweg.

Ein bequemes Wirtschaftssträßchen führt uns flussaufwärts an einer Wassertretanlage vorbei. Auf der halben Strecke nach Hopfau macht eine Fußgängerbrücke den erforderlichen Uferwechsel möglich. In **Hopfau** ist die Route als Sulzer Radrundweg ausgeschildert. Fortwährend haben wir die vertraute Glatt als Begleiterin.

Herrlich, wie sich die verkehrsfreien Routenabschnitte fast nahtlos aneinander reihen lassen. Die überall in voller Blüte stehenden Obstbäume verströmen einen Duft unvergleichlicher Frische. Zwischendurch fahren wir ein Stück durch den Wald, der uns eine ungewohnt rasante Abfahrt schenkt.

Traumkurs zur untergegangenen Stadt

Im verträumten Dörfchen **Bettenhausen** nehmen wir kurz die Straße Richtung Leinstetten und zweigen nach der Glattbrücke auf den in dieselbe Richtung ausgewiesenen alten Ziehweg ab. Die nach Regengüssen schmierige Steigung ist nur von Mountainbikern zu meistern. Für alle »Normalsterblichen« heißt es eine Weile die Füße vertreten. Aber wen stört das schon in dieser herrlichen Waldesruhe?

Der Schinder bringt uns zur Ruine Lichtenfels. Die Buckelquader-Schildmauer befindet sich in auffallend gutem Zustand und enthält sehenswerte Schießkammern. Bei

Verträumt zeigt sich das Dorf Bettenhausen.

näherer Betrachtung sind allerdings Renovierungsarbeiten zu erkennen. Die Anlage wurde etwa 1428 zerstört.

Auf der nun wieder gut befestigten, flachen Forstwegroute dominiert der Nadelwald. Die steile Abfahrt nach **Leinstetten** verlangt ein kräftiges Bremsmanöver. Der Talgrund der Glatt hat uns wieder. Das nüchterne Renaissance-Schloß mit dem barocken Gärtnerhaus ist im Privatbesitz der Freiherren von Podewils.

Auf der kurvigen Landstraße Richtung Freudenstadt trifft man nicht allzu viel Verkehr an. An der Bushaltestelle »Neuneck, Abzw. Wittendorf« schwenken wir auf das mit dem Wanderwegweiser »Oberiflingen« beschilderte Sträßchen ab. Die saftige Waldsteige, eine im Ver-

hältnis zu den bislang zurückgelegten Erholungskilometern im wahrsten Sinne des Wortes umwerfende Steilrampe, zwingt uns unerbittlich aus dem Sitzleder.

Eine bezeichnete Abzweigung leitet auf einem ganz kurzen Forstwegstück zu einer Erklärungstafel über die Reste der mittelalterlichen Altstadt Rockesberg auf einem Bergsporn. Die Anlage gilt als eine der wenigen und gleichzeitig als die größte Stadtwüstung Württembergs. Sie bestand nur etwa ein Jahrhundert lang. Spärliche Keramikfunde lassen auf das 13. Jahrhundert schließen.

Die Ursachen für den Untergang schlummern im Dunkeln. Als mögliche Stadtherren finden die Herren von Geroldseck und die Ritter von Neuneck Erwähnung. Außer den er-

Der »aussichtsreiche« Ort Unteriflingen

haltenen Resten der Stadtmauer und eines Grabens sind noch Spuren von Kanälen und Gruben vorhanden. Neben dem Tor befand sich außerhalb noch eine weitere Anlage, das so genannte Vorwerk. Innerhalb existieren 35 Hausgrundrisse, von denen sich noch ein paar Keller abzeichnen.

Die Steigung legt sich nun angenehmerweise zurück. Während der Einfahrt nach **Unteriflingen** belohnen uns wunderbare Ausblicke über das vielgestaltige Kulturland des Oberen Gäus. Blühende Wiesen umschließen das Dorf. Eine kleine Schaupause muss hier einfach sein. Rote Wanderwegmarkierungen zeigen uns den richtigen Kurs durch den hochgelegenen Ort und hinauf ins benachbarte Oberiflingen. Wo das zweite Schild zu den Sportanla-

gen weist, entscheiden wir uns rechts für das verkehrsfreie Sträßchen Richtung Dießen.

Tuffsteinspielereien

Auf den 685 Meter hoch gelegenen, rapsgelb blendenden Hochäckern setzen sich die Räder endlich wieder von allein in Bewegung. Im weiteren Verlauf sind auf der begeisternden Abfahrt durch das »Trugele« genannte Waldtälchen ein paar Freudenjauchzer nicht mehr zu unterdrücken. Insgesamt 200 Höhenmeter hinunter ins Dießental können wir die Tretesel der Schwerkraft überlassen. Da pfeift ordentlich der Wind um die Ohren.

Kurz vor dem Talgrund nehmen wir den kleinen Abstecher zur Burgruine und werden auf ein plötzliches

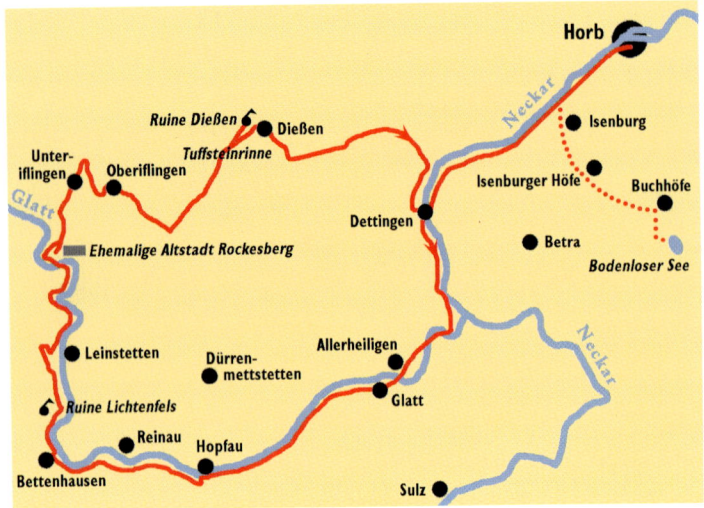

Bachrauschen aufmerksam. Es rührt von der als Naturdenkmal ausgewiesenen Tuffsteinrinne Dießen her. Der vom Hangwald herunterziehende witzige Damm aus Tuffstein, teilweise mehr als ein Meter hoch, knickt im Talgrund rechtwinklig ab und scheint als Grundstücksgrenze zweckdienlich zu sein. Da die Ausfällung des Kalks in diesem Fließwasser sehr hoch ist, wächst die Rinne ständig an. Ähnliche Sinterbildungen gibt es im Tal des Dießener Bachs noch mehrere, zum Teil ganze Terrassen. In diesen früher abgebauten Tuffsteinlagern kann man mit etwas Glück schöne Versteinerungen entdecken. Der poröse Kalktuff findet als Baustein Anwendung. Aus dem zermahlenen Stein hat man früher zudem Sand gewonnen.

Wir kommen zur Ruine Dießen. Die ursprüngliche Burg stammte aus dem 13. Jahrhundert. Von ihrem Erweiterungsbau existieren noch Teile des Palas, des Torbaus und der Umfassungsmauer sowie ein bewohntes Wirtschaftsgebäude. Am Eingang zur umfassend restaurierten Burgruine ist ein Eisenmodell der Befestigung zu bestaunen. Das historische Gemäuer wurde für die Aufführung des Dießener Volkstheaters eingerichtet. Schön ist der Tiefblick auf den schmucken, in einer romantischen Talbiegung angesiedelten Ort.

Zuletzt sausen wir von **Dießen** durch das verkehrsarme Tal des Dießener Bachs nach **Dettingen,** wo uns der bekannte Neckartalweg zurück nach **Horb** aufnimmt.

Wer seinen Entdeckungsdrang immer noch nicht ganz gestillt hat, der mag noch jenseits des Bahnhofsgeländes über Isenburg hinauf zu den Buchhöfen fahren. Im südlich davon gelegenen Forst Neckarhausen lohnt die wassergefüllte Doline Bodenloser See einen Blick.

Unterirdische Wasser haben hier im Mittleren Muschelkalk diesen Erdfall ausgelaugt. Kalksinterschichten dichten das mit einer spezifischen Flora und Fauna gesegnete Naturdenkmal ab. Die große Tiefe, die der kleine See vortäuscht, hat ihm seinen Namen gegeben. Wem sich zufällig bei seinem Besuch ein nackt badendes Fräulein zeigen sollte, der tut gut daran, sich schleunigst aus dem Staub zu machen. Der Sage nach taucht diese ehemalige Schöne eines längst versunkenen, anrüchigen Nonnenklosters nur aus den kühlen Fluten, wenn ein Unheil zu erwarten ist.

Die Burgruine Dießen wurde für das Volkstheater eingerichtet.

Tourensteckbrief

Horb – Dettingen (6 km) – Glatt (4 km) – Hopfau (5 km) – Bettenhausen (3 km) – Leinstetten (3 km) – Unteriflingen (5 km) – Dießen (7 km) – Dettingen (5 km) – Horb (6 km).

Ausgangsort: Horb am Neckar, Bahnhof (390 m). Zugverbindung von Stuttgart und Pforzheim.

Routenlänge: 44 Kilometer.

Fahrzeit: 3 $\frac{1}{2}$ Stunden.

Höhenunterschied: 330 Meter.

Straßen und Wege: Zum großen Teil als Radwanderroute ausgeschilderte Wirtschafts- und Forstwege mit einem kurzen schlechten Abschnitt sowie verkehrsarme Straßen. Eine längere, teils anstrengende Steigung; spritzige Talfahrt.

Für Kinder geeignet: Nein.

Auch als Wanderung zu empfehlen: Nein.

Karte: Wanderkarte des Landesvermessungsamtes Baden-Württemberg, Blatt 5 »Freudenstadt – Schramberg«, Maßstab 1 : 50 000.

Von der Römerquelle zur Ruine Siegburg

In den Neckar-Seitentälern bei Rottenburg

Das zwischen Tübingen und Rottenburg weite Neckarbecken verschmälert sich flussaufwärts zu einem kurvigen Wiesental. Zuflüsse strömen beiderseits durch enge Seitentäler herbei und bringen Bewegung in die Landschaft, gestalten ein nicht allzu anspruchsvolles Wandergebiet. So machen sich bei Albstadt Eyach und Starzel auf den Weg und spülen ihre Wasser von der Schwäbischen Alb hinunter ins Neckartal, nach Eyach und Bieringen. Von Ergenzingen nimmt der Seltenbach das Rommelstal und nährt bei Obernau den Neckarfluss. Der Katzenbach schließlich entwässert die Rammert-Waldberge und gesellt sich in Bad Niedernau hinzu.

Zwischen den Talfurchen erstrecken sich aussichtsreiche Acker-Hochflächen, auf denen man nur höchst selten einem Wanderer begegnet. Melancholische Novemberstimmung macht sich dort oben auf den längst abgeernteten Feldern breit. Auch entlang den Bächen spürt man das kraftlos gewordene alte Jahr, wenn auch nicht so deutlich wie auf den kahl geschorenen Höhen. Die müden Wasser atmen kalt, und das zu Haufen angesammelte Buchenlaub raschelt am Waldsaum unter dem schlorfenden Schuhwerk. Die Zeit der inneren Wandlung beginnt. Der Wanderer genießt auf vergnüglichen Wegen die eigenwillige Stimmung am welken Busen der Natur für ein paar entspannende Stunden.

Ein Schluck aus dem Heilwasserbrunnen

Vom **Bad Niedernau**er Bahnhof spazieren wir über die Flussbrücke hinein ins Neckardorf. Ein ansprechendes, blitzsauberes Ortsbild empfängt uns. Nach der Kirche lenkt der Radwegweiser »Katzenbachtal« auf die am Bach entlang führende Badstraße. Am ehemaligen Wasch-

und Backhaus schenkt uns der freundliche Heilwasserbrunnen einen kochsalzfreien Schluck. Vielleicht sollte man dieses kostenlose Angebot wahrnehmen und gleich die ganze Getränkeflasche volllaufen lassen.

Ein Spazierweg geleitet uns vom Ortsende durch den Kurpark. Weiter geht's auf einem verkehrsfreien Sträßchen zum Betrieb der **Römerquelle.** In einem beleuchteten Häuschen wird die bei Ausschachtungsarbeiten an der Quelle im Jahre 1836 gefundene Skulptur des Apollo Grannus aus dem 2. Jahrhundert aufbewahrt. Er galt als Heilgott der Römer.

Ein Forstweg schleicht nun hinein ins Landschaftsschutzgebiet des flachen, sich verengenden Mischwaldtals. Kleine Lichtungen ziehen sich am Quellhaus der Schlossfelsen-Quelle dahin. Ganz in der Nähe lässt sich die namengebende Felspartie bestaunen. Ein romantischer Winkel.

An einer Bachbrücke verlassen wir die Talsohle des Katzenbachs Richtung Frommenhausen. Von hier leitet auch ein Wanderweg durch das Gebiet der Sieben Täler hinauf nach Weiler und zur gleichnamigen Burg. Wir mühen uns nun auf dem mit rotem Kreuz markierten, unterschiedlich steilen und teils wurzeligen Steiglein über einen Bergsporn empor. Während der letzten Anstiegsmeter kommt man dabei an einem auffallenden tischförmigen Felsblock vorbei.

Startpunkt Bad Niedernau

Hoch über der Römerquelle wandern wir ein Stück an der Bergkante entlang und folgen bei einer Hangrutschung, auf die Markierung achtend, kurz der Wiesenspur am Waldrand. Die Route wechselt in ein Wirtschaftssträßchen und steigt am Waldgebiet Elbenloch nur noch leicht bergan über Wiesen und Äcker. Rückblickend schmiegt sich das erwähnte Dörfchen Weiler an einen markanten, turmgeschmückten Bergrundling.

Wieder im Wald dirigiert uns das rote Kreuz bei einer kleinen Hütte auf einen abzweigenden Forstweg. Über die Frommenhauser Hochmark nach **Frommenhausen** fehlen bald jegliche Wegmarkierungen. So ist man gezwungen, eine eigene Wanderroute zusammenzubasteln. Wir folgen am besten vom Waldende links

Bei der Schlossfelsenquelle im Katzenbachtal
Rechts: Der Neckar bei Bad Niedernau

wenige Meter dem Feldweg und biegen rechts auf eine Fahrspur ab, die zwei Ackerflächen teilt. Vor einem Hochspannungsmast wenden wir uns rechts zu einem nahen Teersträßchen. Mit weiten Ausblicken zum Rammert trifft man in Frommenhausen ein. Hungrige Wanderer halten in dem früher Bossenhausen genannten Dörfchen allerdings vergeblich Ausschau nach einem Wirtshaus. Sie müssen sich noch bis Bieringen gedulden. Auch wer sich von dem in der Topographischen Karte verzeichneten Schloss zu viel erwartet hat, wird enttäuscht sein. Das einstmals historische, heute recht nüchtern wirkende Bauwerk beherbergt lediglich den Kindergarten.

Am stillen Unterlauf der Starzel

Wir bummeln an der Kirche vorbei durch den Dorfflecken hinunter und lassen uns kurz vor der Einmündung in die Landstraße vom Wanderwegweiser »Starzeltal« den weiteren Kurs zeigen. Vom Ortsrand benützen wir ein kleines Stück einen Feldweg und erreichen auf dem mit rotem Balken markierten Wanderweg über einen steilen Waldhang bei der ehemaligen Burgmühle den Talgrund. Auf der gegenüberliegenden Bergkuppe befand sich einst eine Burgruine, von der nicht viel übrig geblieben ist. Die Stelle nimmt nun eine Kapelle ein.

Ein geteerter Forstweg begleitet jetzt das recht träge dahinfließende

Starzelflüßchen durch das verkehrsfreie, schmale Wiesental sanft bergab nach **Bieringen.** Ein gemütlicher
Abschnitt. Es taucht hochstens mal
ein Radler auf. Wer Naturwege bevorzugt, mag der Wanderroute unterhalb der Wehrhalde auf der östlichen Talseite folgen.

Verschwiegener Burgplatz

Bei der Mündung der Starzel in den
Neckar könnte man sich zu einer
kleinen Rast niederlassen, falls man

nicht das Dorfwirtshaus bevorzugt.
Nach der Neckarbrücke halten wir
uns ganz kurz Richtung Horb und
nehmen die Haldenstraße bergan.
Der Wanderwegweiser »R. Siegburg« leitet die reizvolle Schluss-
etappe ein.

Ein mit rotem Kreuz bezeichneter
Privatweg wechselt am Ortsrand in
einen kurzweiligen Pfad. Erst schlendern wir mit hübschen Talblicken an
Hanggärten entlang, später geht's
auf einem Waldweg hinauf. Zuletzt
heißt es den beschilderten Pfad-

abzweiger zur **Ruine Siegburg** nicht versäumen.

Der verschwiegene, durch Gräben abgegrenzte Burgplatz mit niederen Mauerresten und Wällen weist eine beachtliche Größe auf und verleitet zum Entspannen und Sinnen. Von der Bergeshöhe oberhalb der Neckarschleife ist im Winter auch ein Tiefblick durch das abgelaubte Gehölz nach Sulzau möglich. Von hier bietet sich eine Tourenfortsetzung zum Schloss Weitenburg bei Börstingen an.

Den Neckar als Begleiter

Zurück in **Bieringen** mit dem individuellen Dorfcharakter und den steil an den Berghang gebauten, teils sehr alten Häusern begeben wir uns zur Kirche und achten auf den Radwegweiser Richtung Eckenweiler. Beim letzten Haus weist das rote Kreuz auf einen Wanderweg, der oberhalb des Neckars bequem am Waldhang entlang leitet.

Im Bereich von Obernau lässt die akkurate Wegmarkierung keinerlei Orientierungsprobleme aufkommen. Neben dem ehemaligen Schlössle steht noch der gut erhaltene Römerturm, auch Eselsturm genannt. Außerdem gibt es in dem verträumten Dörfchen auch noch eine römische Wasserleitung zu sehen. Ein bequemes Wirtschaftssträßchen trägt uns abschnittsweise am Flussufer zurück zum **Bad Niedernau**er Bahnhof.

Tourensteckbrief

Bad Niedernau (350 m) – Römerquelle (370 m) – Frommenhausen (480 m) – Bieringen (360 m) – Ruine Siegburg (470 m) – Bieringen (368 m) – Obernau (359 m) – Bad Niedernau (350 m).

Ausgangsort: Bad Niedernau, Bahnhof (350 m). Zuverbindung von Stuttgart. Bad Niedernau liegt an der Landstraße Rottenburg-Horb.

Routenlänge: 22 Kilometer.

Gehzeit: 5 $\frac{1}{2}$ Stunden.

Höhenunterschied: 270 Meter.

Wege: Bis auf die Frommenhauser Hochmark gut bezeichnete Wander-, Wald- und Wirtschaftswege, nur kleine Pfadabschnitte. Zwei kurze steile Anstiege. Orientierungssinn vorteilhaft.

Für Kinder geeignet: Nein.

Auch als Radtour zu empfehlen: Nein.

Einkehrmöglichkeit: In Bieringen.

Karte: Wanderkarte des Landesvermessungsamtes Baden-Württemberg, Blatt 17 »Rottenburg – Balingen«, Maßstab 1 : 50 000.

Schalksburg, Böllat und Heersberg

Traufwanderung auf der Zollernalb

Albstadt, aus sieben Teilgemeinden und zwei Städten zu-sammengeschweißt, ist neben Balingen der kulturelle Mit-telpunkt der Südwestalb. Die Kuppenalb, das sich beiderseits der Schmeie entfaltende Hügelmeer des Hochlandes, bewahrt bis hier ihren Charakter. Westlich des Schmiechatals dagegen zerschneiden Flüsse, Bäche und Trockentäler die Albtafel in alle Richtungen. Bis zum Trauf der Zollernalb reicht das Stadtgebiet Albstadts. Die Erosionskraft der Eyach und ihrer vielen Zuflüsse haben die Landschaft geprägt. Hier finden sich einige der schönsten Ausflugsmöglichkeiten der Schwäbischen Alb.

Viele Landschafts- und Naturschutz-gebiete bereichern das Wanderdo-rado mit den fast 1000 Meter hohen Bergen. 1980 wurde Albstadt zur Gemeinde mit den meisten Natur-schutzgebieten Deutschlands er-klärt. Über 80 Prozent der Albstäd-ter Gemarkung sind als Landschafts-schutzgebiete ausgewiesen.

Höhenunterschiede bis zu 350 Meter, wie zum Beispiel rings um den Stadtteil Laufen, setzen auf manchen Wandertouren allerdings ein wenig Kondition voraus. Die Alb-vereinswege sind bestens markiert, und die Wahl fällt allein unter den bekanntesten Zielen schwer: im

Norden der Raichberg, im Zentrum die Burg und der Braunhartsberg, im Süden Ochsenberg und Schneck-lesfels, der Ebinger Schlossbergturm und das Schwarzwildgehege, im Westen die Hossinger Leiter, der Gräbelesberg und der Heersberg.

Oder man vertraut sich einfach dem Alb-Nordrandweg an. Dieser leitet den Wanderer von Laufen em-por zum Schalksburgturm und wei-ter zum Böllatfelsen, beides vortreff-liche Aussichtspunkte. Da es von Burgfelden auch nicht mehr weit zur urigen Wacholderheide auf dem Heersberg ist und sich zudem das na-he Felsenmeer zu einem Besuch an-

Der unverschlossene Schalksburg-Aussichtsturm oberhalb von Laufen

mit Baumpflanzen und Samen zum Ausdruck. Nicht erst seit dem Bestehen der Bundesstraße und der Bahnlinie von Balingen nach Sigmaringen hat das Eyachtal Bekanntheit erlangt. Dem Flusslauf folgte bereits zur Zeit der Römer ein wichtiger Verkehrsweg, der die beiden europäischen Hauptwasseradern Rhein und Donau verband.

Wir gehen von der Laufener Bahnhaltestelle zur evangelischen Kirche, queren die Eyach und wandern auf der Steinbergstraße bergan durch das vom Eltschbach entwässerte kleine Seitental. Im weiteren Verlauf folgt man einfach dem mit rotem Dreieck bezeichneten Schwäbische-Alb-Nordrand-Weg, auch als Main-Neckar-Rhein-Weg ausgeschildert, Richtung Schalksburg. Dieser Aussichtsfelsen ist bereits vom Dorf aus zu sehen. Rückblickend erhebt sich am Albtrauf südlich der Eyach zwischen Tobel- und Brunnental der unverkennbare, nach drei Seiten lotrecht abbrechende Kalklotz des Gräbelesbergs. Dieser Hausberg der Laufener war wahrscheinlich bereits in vorgeschichtlicher Zeit besiedelt.

Von einem Wanderparkplatz geht's im Bogen auf einem Forstweg hinauf durch den Mischwald am Steinberg. An der Gabelung nach einem Flachstück zweigt zu unserem Zwischenziel ein schmaler Waldweg ab, der am Steilhang im oberen Teil in eine kraftsparende Pfadschleife wechselt. Ein ausgezeichneter Naturspaziergang. Streng riecht in

bietet, ergibt sich ganz von selbst eine eindrucksvolle, waldreiche Rundwanderung mit einer ganzen Reihe von Sehenswürdigkeiten unterschiedlichster Art. Ein – bis auf den langen Aufstieg am Anfang – geruhsames Trauferlebnis, das auch Kindern Spaß bereitet, da ermüdende Hatschereien auf Straßen und breiten Forstwegen weitgehend fehlen.

Blühender Steinberg

Viel Grün kennzeichnet den an der Eyach angesiedelten Stadtteil **Laufen,** und über den dorfnahen Wiesen scheinen die Traufwälder bis in den Himmel zu wachsen. Dass man hier etwas vom Wald versteht, kommt beispielsweise im Handel

diesem ostgerichteten Hangwald im Mai die Nachtviole, auch Silberblatt genannt. Auch kommt hier der Türkenbund vor. Das ebenfalls im späten Frühjahr in ganzen Meeren blühende Immergrün erinnert als so genannter »Gartenflüchtling« an den ehemaligen Burggarten über uns.

Wo die Grafen von Zollern regierten

Von der Verzweigung in einer Felsengasse ist es nicht mehr weit zum **Schalksburg**turm in 910 Metern Höhe. Der Weg führt vorbei an der Gedenktafel für die Sänger des Schalksburggaus, die in den beiden Weltkriegen gefallen sind. Schon in grauer Vorzeit existierte auf dem kleinen Plateau eine keltische Befestigung. Der stolze Buckelquaderturm, ehemals Burgfried, geht auf das 12. Jahrhundert zurück. Im Mittelalter regierten hier bis 1403 als Burgherren die Grafen von Zollern. Der Turm der anschließend württembergischen Befestigung wurde 1557 abgetragen und genau vier Jahrhunderte später von der Staatsforstverwaltung und dem Schwäbischen Albverein wieder aufgebaut.

Stufen einer Wendeltreppe führen an Gucklöchern vorbei zur Aussichtsplattform. Besonders für Kinder eine unvergessliche sportliche Einlage. Von dem hochthronenden Vesperplätzchen schweift der Blick hinüber zum Böllat und zum Heersberg und weit hinaus ins Albvorland. Ja, bis zur gezackten Alpenket-

Ein schmaler Gratweg führt den Wanderer zur Albhöhe.

te reicht die Schau. Tief unter uns das Eyachtal. Über den Baumwipfeln spitzelt gerade noch der Kirchturm von Burgfelden hervor.

In der Nähe findet man Mauer- und Gebäudereste sowie Teile zweier Türme und eines Tores. Dieser abgeschiedene Winkel ist auch reich an Höhlen. Am nördlichen Steilabfall wartet die etwa 25 Meter lange Karlshöhle, auch Stilles Loch genannt, auf neugierige Besucher. In den östlichen Abbrüchen entdeckt man mit etwas Geduld den schma-

Vom Böllat blickt der Wanderer über das Gehöft Wannental zu den Bergen südlich des Eyachtals.

len Eingang der Wannentalhöhle. In deren Nähe gibt es noch den Raubtierschlupf, einen Kriechgang, in dem man neben Tierknochen und Braunbärzähnen auch Scherben aus der Urnenfelderzeit ausgegraben hat. Die Eyachtaler Bergflanke beherbergt schließlich noch die sehr enge Schalksburghöhle.

Vor allem aber sollte man sich nicht den kurzen Abstecher auf einem Pfad südwärts zum Aussichtsfelsen entgehen lassen, der vom Tal aus bereits auffiel. Recht kitzlig präsentiert sich der Tiefblick zu unserem Startpunkt. Wenige Meter unterhalb der Hangkante öffnet sich der Einstiegstrichter zum Teufelsloch oder Gondeloch, in dem sich der Sage nach ein Schatz verstecken soll.

Die älteste Kirche der Schwäbischen Alb

Zurück in der Felsengasse, nehmen wir Kurs auf Burgfelden. Die ebenfalls mit rotem Dreieck markierte Route verspricht einen recht anregenden Gang über einen anfangs witzig zusammengeschnürten und flachen, später leicht steigenden Grat mit reichlich Luft unter den Sohlen. Auf der Albhöhe leitet uns anschließend eine undeutliche Wiesenspur nach **Burgfelden,** dem höchsten und kleinsten Stadtteil. Hier repräsentiert die ehemalige Pfarrkirche nicht nur das älteste Bauwerk Albstadts, sondern zudem den ältesten Kirchenbau der gesamten Schwäbischen Alb. Das merowingische Ursprungsgebäude der Michaelskirche, eine Saalkirche mit hufeisenförmiger Apsis, geht möglicherweise auf das 7. Jahrhundert zurück und soll als Hauskirche eines Grundbesitzers gedient haben. Auf dieser Grundlage baute man im 11. Jahrhundert eine zweite Kirche. 1892 kamen bedeutende romanische Fresken ans Tageslicht. Auch die Fenster zeigen romanischen Stil. Rechts steht in unmittelbarer Nähe das neue Gotteshaus.

Von der uralten, heute nicht mehr geweihten Kirche weist die Wander-

Die kleine Bergzunge der Schalksburg bricht als jähes Kalkriff in die Tiefe.

beschilderung auf einen Spazierweg, der uns zum nahen **Böllat** bringt. Auf einem vorspringenden Felsbalkon treten die Fichten, Kiefern und Buchen zurück und machen Platz für den 921 Meter hohen, vortrefflichen Aussichtspunkt mit Panoramatafel. Die unzugänglichen Partien dieses Schwammstotzens schmückt eine herrliche Steppenheideflora. Wenn man nach Süden über das Gehöft Wannental zurückblickt, in dem im 14. Jahrhundert Augustinereremiten lebten, erkennt man die von hier aus sichelförmige Gratverbindung. Neben dem Schalksburgturm ragen der Plettenberg und der Lochenstein in den Balinger Bergen auf. Ähnlich wie vorhin, öffnet sich

auch von hier das schier endlose Neckarland. Der Nordrandweg führt weiter zum Pfeffinger Böllat und zum Raichberg.

Wir wandern durchs Dorf zurück zum Traufpfad und wählen die mit roter Raute gekennzeichnete Pfadspur an der Abbruchkante entlang mit abermaliger Ausschau nach Laufen Richtung Lautlingen. Ruhebänke verleiten immer wieder zu Schaupausen. Bei einem Kinderspielplatz mit Grillstelle schwenkt man rechts in ein Wirtschaftssträßchen ein und bummelt sanft bergauf zum lang gezogenen **Heersberg,** untergliedert von Hecken und kleinen Gruppen von wettergezausten Kiefern und Fichten.

Wo die Route zum Felsenmeer abzweigt, hält man sich wenige Meter weglos über eine Wiese und gelangt, dem unscheinbaren Weglein folgend, zur locker gestreuten Wacholderheide auf der 954 Meter hohen Westkuppe. Im Gemeindegebiet von Albstadt sind insgesamt noch über hundert Wacholderheiden erhalten. Die Halbtrockenrasen bringen eine beachtenswerte Blütenpracht hervor mit so manchen Raritäten.

Zurück auf dem Sträßchen, entscheiden wir uns für den Waldweg Richtung Felsenmeer. Bevor der Kurs zu fallen beginnt, schleicht ein beschilderter Abzweiger, kaum der Rede wert, zu einem Aussichtspunkt mit Tiefblick nach Lautlingen und Ebingen. Die rote Raute lässt durch den Traufwald hinunter zurück nach

Laufen keine Orientierungsprobleme aufkommen. Als Zugabe bietet sich der Besuch des Felsenmeers an. Der wilde Verhau von Sturzblöcken entstand durch den unterschiedlich harten Aufbau der Gesteinsschichten. Die erodierte Zwischenlage hat die harte Deckschicht irgendwann nicht mehr tragen können und somit zum Einsturz gebracht. In dieser Ecke liegt auch die über hundert Meter lange Felsenmeerspalte.

Möchte man, angeregt durch die Wanderrunde, mehr über die Vor- und Frühgeschichte der Umgebung in Erfahrung bringen, dann ist das Museum im Ebinger Kräuterkasten die richtige Adresse. Dort findet man auch eine Fossiliensammlung und eine Ausstellung über die heimische Tierwelt.

Tourensteckbrief

Laufen (614 m) – Schalksburg (910 m) – Burgfelden (910 m) – Böllat (921 m) – Heersberg (954 m) – Laufen (614 m).

Ausgangsort: Albstadt-Laufen auf der Zollernalb, an der B 463. Bahnhalt (614 m), Zugverbindung von Stuttgart über Balingen.

Routenlänge: 13 Kilometer.

Gehzeit: 4 Stunden.

Höhenunterschied: 380 Meter.

Wege: Gut bezeichnete Pfade, Wald- und Forstwege, kurze Abschnitte auf undeutlichen Wiesenspuren. Ein langer, aber nur mittelsteiler Aufstieg.

Für Kinder geeignet: Ja.

Auch als Radtour zu empfehlen: Nein.

Einkehrmöglichkeiten: In Burgfelden.

Karte: Wanderkarte des Landesvermessungsamtes Baden-Württemberg, Blatt 17 »Rottenburg – Balingen«, Maßstab 1 : 50 000.

Zum Steinernen Weib über den Quellwassern der Fils

Sonnige Wacholderheiden, bizarre Felsformationen

Die nördliche Ostalb um Wiesensteig und Mühlhausen ist mit vielerlei Sehenswürdigkeiten gesegnet. Allein schon eine erholsame Schlenderei durchs romantische Tal der jungen Fils, am Papierfelsen und Filsursprung vorbei hinauf zur erschlossenen Schertelshöhle oder zur benachbarten, naturbelassenen Höhle Steinernes Haus lohnt einen Besuch dieser prächtigen, durch zahlreiche Täler gegliederten Mittelgebirgslandschaft. Kalksinterablagerungen haben im Helfensteiner-Land hübsche Flussterrassen ausgebildet. Interessant zu wissen ist, dass vor dem Kippen der Albtafel das Filstal zum Flusssystem der Ur-Lone und somit zum Einzugsbereich der Donau gehörte.

Ebenfalls einen hohen Bekanntheitsgrad bei den Albwanderern verzeichnet die auf einer protzigen Felsenklippe thronende Ruine Reußenstein mit ihrem stolzen Bergfried, die man beispielsweise durchs Autal erreichen kann. Angeblich ließ der einst gegenüber in der Heimensteinhöhle hausende Riese Heim das Schloss Reußenstein erbauen. Dort führt außerdem der großartige Alb-Nordrandweg vorbei. Ein anderer rege besuchter Aussichtspunkt ist der Tierstein oberhalb von Gosbach. Der Aufstieg von Bad Ditzenbach über den Schlossberg zählt zu den schönsten Routen der Umgebung.

Wir wollen für unsere stille Wanderung zum Jahresausklang einen kurzweiligen Rundkurs zusammenbasteln, auf dem sich die landschaftlichen Höhepunkte beiderseits des Filstals günstig verbinden lassen. Für den Vormittag eignen sich die südostgerichteten Wacholder-

Das Fachwerkstädtchen Wiesensteig mit der Kirche Sankt Cyriakus.

Wanderer keineswegs ein Dorn im Auge zu sein. Ein neugieriger Gang durchs das liebenswerte Filsstädtchen Wiesensteig mit seinem bewahrten Charakter verleiht dem vorweihnachtlichen Ausflug sogar eine zusätzliche Note.

Eine weitere Besonderheit im Bereich dieses Tourenvorschlags ist die getrennte Führung der beiden Autobahnspuren aufgrund der nicht ganz einfachen Geländebeschaffenheit. Während sich die Talspur der A 8 unseren Blicken entzieht, schneidet sich der zweite Teil des Albaufstiegs mit den zwei markanten Brückenbauten, der Todsburger Brücke und der Malakoffbrücke, quer durch unsere Runde. Ein unablässig summender Verkehrsstrom und einsame Wanderkilometer liegen hier eng beieinander.

Aussichtsreiche Bummeltour aufs Buch

Treffpunkt im Viertälerstern von **Mühlhausen im Täle** ist die Bushaltestelle Bahnhofstraße am östlichen Ortsrand. Bei der Pension »Albaufstieg« wandern wir auf einem Fußpfad hinauf zur Straßenbrücke. Die Obere Sommerbergstraße leitet nach der Querung der Autobahnabfahrt bergan zum Hotel »Höhenblick«. Hinter dem Hotelkomplex geht's mit hübschem Dorftiefblick auf einem Wirtschaftsweg gemütlich am steilen Berghang entlang.

Das bereits von der A 8 aus sichtbare Landschaftsschutzgebiet prä-

heiden bei Mühlhausen ganz hervorragend. Gegen Nachmittag erwärmen sich dann auch die Mischwaldhänge um das kühn geformte Steinerne Weib sowie im Bereich der Todsburger Höhle. Ausgesetzte Wegpassagen und längere Steilanstiege fehlen. Die eindrucksvolle Unternehmung bietet sich also auch bestens für die Wintermonate an.

Dass man unterwegs eine Stadt zu durchqueren hat, braucht dem

sentiert eine weitflächige, sonnenverwöhnte Wacholderheide, an der sich der Schnee nur selten hält. Der Bergkamm selbst ist bewaldet. Eine traumhafte Einstimmung für eine Wanderrunde. Jenseits des Filstals überwindet die Bergspur der Autobahn die lang gezogene Traufwaldflanke. Brummis und Pkws in Schlangen wirken von hier aus wie Ameisen. Heute gehören wir nicht dazu.

Wo wir bei einem Flurkreuz auf das Wirtschaftssträßchen von Mühlhausen stoßen, müssen wir an einer Häuserreihe entlang etwas Höhenverlust in Kauf nehmen und folgen an der anschließenden Gabelung dem bergwärts führenden Sträßchen. Bei der Wasserversorgung zweigt wieder ein Hangweg ab, der leicht steigend durch einen Buchenmischwald schleicht. An einer Verzweigung wählen wir den oberen Weg.

Zuletzt klettert ein mit roter Raute markierter Wanderpfad durch ein kleines Naturschutzgebiet empor zur Albhöhe **Buch.** Dieser kleine Abstecher beglückt uns zwar nicht mit der erwarteten Aussicht, lohnt jedoch wegen des auf der recht reizvollen Route durch eine nochmalige Wacholderheide gewonnenen Tiefblicks auf **Wiesensteig.**

Wo man einst den Wisent jagte

Zurück auf der Hauptroute bringt uns der Wanderpfad-Abstieg hinunter ins Filsstädtchen. Auf der Bergstraße spazieren wir zur Kirche, wo wir uns Richtung Hohenstadt halten. Die engen Gassen und schönen Fachwerkbauten machen einen heimeligen Eindruck. Besonders der Marktplatz mit dem Elefantenbrunnen gibt ein schmuckes Bild ab. Schon von weitem fällt das spätgotische Turmpaar der im späten 18. Jahrhundert zur Saalkirche umgebauten katholischen Pfarrkirche Sankt Cyriakus auf. Eine weitere Sehenswürdigkeit wäre das Renaissance-Stadtschloß des Reichsgrafengeschlechts der Helfensteiner. Erhalten ist noch der Südflügel, in dem die Wiesensteiger Schlosskonzerte abgehalten werden.

Apropos Helfensteiner, sie waren es, die hier im 16. Jahrhundert an die hundert Hexen verbrennen ließen. Der Name Wiesensteig, früher »Wisontestaiga«, hat im Übrigen nichts mit der Graswiese zu tun. Er rührt angeblich von den einstmals in der Gegend gejagten Wiesenten her.

Am Ortsende zweigen wir auf das Anliegersträßchen ab und entscheiden uns bei einer Gedenkstätte für den mit gelbem Dreieck bezeichneten Wanderpfad Richtung Laichingen/Eselhöfe. Nach der Querung der Landstraßenkehre entführt uns die verschwiegene Route in ein bewaldetes Seitental. Im weiteren Verlauf wechselt der Kurs in die uralte, teils schon verfallene Straßentrasse des ehemaligen Albaufstiegs. Über uns das Autobahn-Gebrumme. Der Weg wird zunehmend steiniger. Beim Ein-

Im winterkahlen Buchenmischwald auf der Albhöhe Buch

Als kühne Felsennadel besticht das kreuzgeschmückte Steinerne Weib.

ödhof am Lämmerbuckel trägt uns die Richtung Hohenstadt führende Kreisstraße über den A-8-Tunnel hinauf zur Albhöhe, bereits zum zweiten Mal auf dieser Tour.

Versteinerte Seejungfer mit künstlicher Hüfte

Kurz vor dem höchsten Straßenpunkt weist uns bei einem Trafohäuschen das Schildchen »Steinernes Weib« auf einen Forstweg. Wir spazieren anfangs über Magerwiesen und später auf einem mit rotem Dreiblock markierten Traufpfad leicht bergab durch jungen Buchenmischwald zum kreuzgeschmückten, geologischen Naturdenkmal

Steinernes Weib. Um in der hell leuchtenden, wenige Meter über der Autobahn sockelnden Kalksteinnadel eine holde Weiblichkeit zu erkennen, bedarf es allerdings einiger Phantasie. Die graziöse Felsendame bringt es auf ein beachtliches Alter, in dem Falten wirklich nicht mehr als Schande gelten. Mehr als 130 Millionen Jahre sind schließlich kein Pappenstiel.

Zu jener Zeit, als die Schwäbische Alb noch von einem Meer bedeckt war, haben Schwämme und Algen nicht nur Riffe, sondern auch solche steinernen Einzelfiguren hervorgebracht, die im Laufe der Zeit im Meeresgrund versanken und später aus den weicheren umgebenden Schich-

Die abenteuerliche Kulisse über den Todsburger Höhlen

Mit Wacholderheide gekleidete Hänge laden zum Wandern ein.

ten des Weißen Juras wieder herauswitterten. Überspitzt könnte man also von einer aus dem Meer emporgestiegenen Seejungfrau sprechen.

Die rund sieben Meter hohe, nicht mehr ganz rüstige Kalk-Madame musste mittlerweile eine Hüftoperation über sich ergehen lassen, da sie bereits mit Selbstmordgedanken zu spielen schien und deshalb den Autobahnverkehr gefährdete. Von sorgsamen Felsmedizinern gestützt, wird sie wohl noch ein paar Jährchen durchhalten. Der gesamte Felskomplex, auf dem die graue Seniorin steht, ist gegen Abrutschen gesichert und wurde zuletzt 1998 saniert. Der Sage nach muss die steingewordene Straftäterin als Buße sogar für immer und ewig dort oben stehen.

Ein Brückenmonstrum und ein hoher Felsenzirkus

Kurz nach dem Steinernen Weib kreuzt unser Kurs einen breiteren Wanderweg. Ein unbezeichneter Pfad fällt nun in Kehren bergab zur riesigen **Malakoffbrücke.** Dort geht's rechts auf einem Forstweg am Hang entlang und bei der Einmündung in ein Anliegersträßchen bergwärts zur Einkehr im Örtchen **Eselhöfe,** wo man sich endlich aufwärmen kann.

Anschließend müssen wir wieder kurz zurück zum Ortsanfang. Der

Wegweiser Richtung Mühlhausen, ein schon verblichenes Täfelchen, dirigiert uns auf den Talstieg. Erst folgen wir jedoch dem unmarkierten Pfad ein Stück am Steinbühl entlang und steigen wenige Meter über felsige Stufen hinunter zur **Todsburger Höhle.** Das unter einem Felsaufbau versteckte Naturdenkmal gibt eine sehenswerte Kulisse ab.

Das auf eine Länge von etwa 110 Metern mit Schutzkleidung begehbare Gewölbesystem wurde im Jahre 1895 als Schauhöhle erschlossen und wartet mit Tropfsteinschmuck und mehreren Sinterbecken auf. Der ganzjährige Verschluss der Höhle ist auf den Zerstörungstrieb gedankenloser Besucher zurückzuführen. Wer dennoch gelegentlich Lust verspüren sollte, die geheimnisvolle Unterwelt zu erkunden, kann auf dem Bürgermeisteramt in Mühlhausen oder beim Wirtshaus »Zum Eseleck« im Dorf vom 16. April bis zum 14. November den erforderlichen Schlüssel entleihen. Der oberhalb der Abbrüche des Steinbühls befindliche, 70 Meter tiefe Todsburger Schacht ist unzugänglich.

Nach einem kleinen Abstieg stoßen wir auf einen alten, rauen Ziehweg, der sich bald zu einem bequemen Forstweg verbreitert. Zuletzt bummeln wir auf einem Sträßchen zurück nach **Mühlhausen.**

Tourensteckbrief

Mühlhausen im Täle (537 m) – Buch (726 m) – Wiesensteig (592 m) – Steinernes Weib (770 m) – Malakoffbrücke (660 m) – Eselhöfe (750 m) – Todsburger Höhle (740 m) – Mühlhausen i. T. (537 m).

Ausgangsort: Mühlhausen im Täle (Filstal), an der A 8. Bushaltestelle Bahnhofstraße (537 m) Busverbindung von Geislingen/ Steige (dort Zugverbindung von Stuttgart).

Routenlänge: 16 Kilometer.

Gehzeit: 4 $\frac{1}{2}$ Stunden.

Höhenunterschied: 460 Meter.

Wege: Nur teilweise bezeichnete Wirtschafts- und Forstwege sowie Wanderpfade, zum Teil auch bis auf den Stadtbereich verkehrsfreie Sträßchen. Ganz kurze steile Abschnitte, etwas Orientierungssinn vorteilhaft.

Für Kinder geeignet: Ja.

Auch als Radtour zu empfehlen: Nein.

Einkehrmöglichkeiten: Wiesensteig, Eselhöfe.

Karte: Wanderkarte des Landesvermessungsamtes Baden-Württemberg, Blatt 15 »Göppingen – Geislingen«, Maßstab 1: 50 000.

Ortsregister

Die angegebenen Zahlen verweisen *nicht* auf Buchseiten, sondern auf die Nummern der Touren.

Aichtal-Neuenhaus   15
Aidlingen   11
Albstadt-Burgfelden   24
Albstadt-Laufen   24
Alpirsbach   20
Bad Niedernau   23
Bad Teinach   17
Bad Teinach-Zavelstein,
   Stadtteil Bad Teinach   17
Bad Teinach-Zavelstein,
   Stadtteil Rötenbach   20
Bad Teinach-Zavelstein,
   Stadtteil Zavelstein   17
Baiersbronn   19
Baiersbronn-Mitteltal   19
Baltmannsweiler-Hohengehren   14
Beinstein   10
Besenfeld   18
Besigheim   4
Bettenhausen   22
Bieringen   23
Bietigheim   4
Bietigheim-Bissingen,
   Stadtteil Bietigheim   4
Brackenheim-Neipperg   1
Burgfelden   24
Calw   17
Calw-Wimberg   17
Darmsheim   11
Dätzingen   11
Dettenhausen   15
Dettingen (Hohenzollern)   22
Dießen (Hohenzollern)   22
Dornhan-Bettenhausen   22
Dornhan-Leinstetten   22
Dürrmenz   3
Dürrn   3
Ellwangen (Jagst)   9
Emmingen   21

Eppingen-Kleingartach   1
Eutingen an der Enz   3
Fichtenberg   7
Frommenhausen   23
Gernsbach-Kaltenbronn   16
Glatt   22
Göbrichen   3
Grafenau-Dätzingen   11
Großsachsenheim   2
Hausen im Murrhardter Wald   7
Heslach   12
Hessigheim   4
Heumaden auf den Fildern   13
Hirschlauf   10
Hohenberg (Rosenberg-)   9
Hohengehren   14
Hopfau   22
Horb am Neckar   22
Horb am Neckar,
   Stadtteil Dettingen   22
Horb am Neckar, Stadtteil Dießen   22
Kaisersbach im Welzheimer Wald   7
Kaltenbronn   16
Kaltental   12
Kleingartach   1
Korb im Remstal   10
Laufen   24
Leinstetten   22
Lorch   8
Löwenstein   6
Martinsmoos   17
Maulbronn   3
Maulbronn-Schmie   3
Mindersbach   21
Mitteltal   19
Mühlacker   3
Mühlacker-Dürrmenz   3
Mühlhausen im Täle   25
Murrhardt   7

Murrhardt-Hausen   7
Nagold   21
Nagold-Emmingen   21
Nagold-Mindersbach   21
Nagold-Pfrondorf   21
Neipperg   1
Neubulach   17
Neubulach-Martinsmoos   17
Neuenhaus   15
Neulingen-Göbrichen   3
Niederhofen   1
Niefern   3
Niefern-Öschelbronn, Ortsteil Niefern   3
Oberiflingen   22
Obernau   23
Oberrot   7
Obersulm-Willsbach   6
Ölbronn   3
Ölbronn-Dürrn, Ortsteil Dürrn   3
Ölbronn-Dürrn, Ortsteil Ölbronn   3
Ostfildern-Ruit   13
Ostfildern-Scharnhausen   13
Pforzheim   3
Pforzheim-Eutingen   3
Pfrondorf   21
Reichenbach an der Fils   14
Renningen   11
Rosenberg   9
Rosenberg-Hohenberg   9
Rötenbach   20
Rottenburg am Neckar,
    Stadtteil Bad Niedernau   23
Rottenburg am Neckar,
    Stadtteil Bieringen   23
Rottenburg am Neckar,
    Stadtteil Frommenhausen   23
Rottenburg am Neckar,
    Stadtteil Obernau   23
Ruit auf den Fildern   13
Sachsenheim-Großsachsenheim   2

Schafhausen   11
Scharnhausen   13
Schenkenzell   20
Schmie   3
Schopfloch (Kreis Freudenstadt),
    Ortsteil Oberiflingen   22
Schopfloch (Kreis Freudenstadt),
    Ortsteil Unteriflingen   22
Schwaigern   1
Schwaigern-Niederhofen   1
Schwaigern-Stetten am Heuchelberg   1
Seewald-Besenfeld   18
Sersheim   2
Sillenbuch   13
Sindelfingen-Darmsheim   11
Sonnenberg   12
Spiegelberg   6
Stetten am Heuchelberg   1
Stuttgart   12, 13
Stuttgart-Heslach   12
Stuttgart-Heumaden   13
Stuttgart-Kaltental   12
Stuttgart-Sillenbuch   13
Stuttgart-Sonnenberg   12
Stuttgart-Vaihingen   12
Sulz am Neckar, Stadtteil Glatt   22
Sulz am Neckar, Stadtteil Hopfau   22
Unteriflingen   22
Vaihingen auf den Fildern   12
Waiblingen   10
Waiblingen-Beinstein   10
Waiblingen-Hirschlauf   10
Waldenburg   5
Weil der Stadt   11
Weil der Stadt-Schafhausen   11
Wiesensteig   6
Willsbach   6
Wimberg   17
Wüstenrot   6
Zavelstein   17